저거는 맨날 고기 묵고... ❶

행운을 드리는 108이야기

저거는 맨날 고기 묵고... ❶

우학스님 수필집

⟨⟩좋은인연

책을 내면서

부처님께서 제자인 '아난'을 데리고 길을 가시던 중이었습니다. 발길에 채인 종이 조각을 주어서 아난더러 냄새를 맡아보라고 했습니다.

"부처님. 향 냄새가 납니다."

"그래. 향 싼 종이로구나."

또 묵묵히 길을 가시다가 발길에 채이는 새끼줄을 주워서 아난더러 냄새를 맡아보라고 했습니다.

"부처님. 비린내가 납니다."

"그래. 생선을 꿰었던 것이로구나. 아난이여! 사람 사귐도 이와 같느니라. 향 냄새가 나는 사람과 같이 지내면 자기 몸에 그 향 냄새가 배이고, 비린내 나는 사람과 같이 지내면 자기 몸에 그 비린내가 배이느니라."

아난은 이 즉석법문에 깊은 감명을 받고 엎드려 예배했습니다.

일상생활을 떠나서는 그 어떤 진리도 존재하지 않습니다. 아니, 존재할 필요도 가치도 없습니다.

여기서 소개되는 모든 이야기는 우리 자신들의 일상적인 숨결소리, 몸동작입니다.

이 책과 인연 맺으시는 순간부터 여러분은 이 이야기들의 주인공이 되어 고개를 끄덕이는 희열이 경험될 것으로 믿습니다. 이 경험이야말로 지금까지는 별 대수롭지 않았던 일상의 여러 일들을 이제는 의미심장한 진리의 소리로 느끼게 할 것입니다.

자신을 일깨우는 사자후의 큰 법문은 결국 자기 내면으로부터 비롯됩니다.

굳이 어려운 낱말을 빌리지 않았습니다. 손에 꼭 쥐어 주는 주입식 교리강의서가 아니라, 자신의 그릇만큼 생각하도록 여운이 남는 글로 가꾸었습니다.

자신에게 던져진 질문이 더 이상 예사롭지 않다면, 그 누구든 다시 메아리쳐 오는 전혀 다른 음의 빛깔을 맛보게 될 것입니다.

우리의 영혼은 과거, 현재, 미래의 끝없는 세월과 함께 하고, 우리의 육신은 동서남북의 온 공간에 열려져 하나로 존재합니다.

한 몸, 한 세월의 대공연장에서 펼쳐지는 이 인생의 화려한 잔치에 당신을 초대합니다.

이 초대는 행운을 드리는 좋은 만남이 될 것입니다.

모든 이에게,

고맙습니다.

병자년 봄날에

우학 손모음

글 실린 순서

저거는 맨날 고기 묵고…

제 3 장

저거는 맨날 고기 묵고…

저거는 맨날 고기 묵고…

저거는 맨날 고기 묵고…

1 장

한마음 깨끗하면
온 세상이 깨끗하여라

행 복

아침에 한 여자 신도가 왔다.

그는 들어오자마자, 늘 그렇듯이, 불안감을 감추지 못하며 속에 가진 불평을 털어 놨다.

"스님, 제가 이렇게 열심히 기도하는데 왜 제 아이 성적이 떨어집니까?"

"보살님, 몇 등에서 몇 등으로 떨어졌습니까?"

"반에서 5등에서 6등으로 떨어졌는데 전교 석차는 더 벌어졌겠지요."

나는 위로할 말이 생각나지 않아 내버려 두고 내 볼일만 보았다.

오후에 또 한 신도가 왔다.

그는 늘 그렇듯이 생글생글 웃으면서 오늘은 뭘 자랑하고 싶어했다.

"스님, 우리 애가 성적이 올라서 기분이 좋아요."

"보살님, 몇 등에서 몇 등으로 올랐습니까?"

"스님, 51등에서 47등으로 올랐습니다."

나는 축하할 말이 생각나지 않아 내 볼일만 보았다.

저녁에 곰곰이 생각해 보았다.

만일 나에게 선택권이 주어져 꼭 어느 집에 태어나야 할 것인지 반드시 결정해야 한다면 나는 오후에 온 신도 집을 주저하지 않고 택하겠다.

우리,

세상을 억지로 어렵게 살지 말자.

침울한 49재

49재.

49재(齋)는 불교의 독특한, 돌아가신 분을 위한 기도의 식이다. 보통 49일 동안 이루어지므로 49재라고 일컫는 것이다.

사람이 죽으면 그 영혼은 다음 생을 찾아가기 위해 끝없는 여행을 떠난다. 그 여행은 바로 영혼 자신의 미래를 위한 준비이며 또한 방황이기도 하다.

이 기간에 지극정성으로 그 죽은 이를 위해 기도하면 감응이 일어나 현재 지점보다는 더 높은 곳으로 나아간다. 그 기도는 다름 아닌 염불(念佛:부처님을 생각함)이며 독경(讀經:부처님 경전을 읽음)인데 그 소리를 영혼은 알아듣는 것이다.

꼭 취학 전의 어린이에게 부모님이 동화책을 읽어 주면 어린이가 머리를 끄덕이듯이, 영혼 자신은 자기를 위한 기도인 줄 알고 관심을 가지다가 성현(聖賢)이신 부처님의 말씀이 맞다 싶으면 마음을 일으켜 참회할 일을 더듬어 참

회한다. 그리고 극락 세계에 나기를 발원(發願)한다.

한번은 이런 일이 있었다.

부산 앞바다에서 선박 사고로 남편을 잃은 부인이 세 살 난 어린 자식을 데리고 49재에 참석하게 되었다. 재꾼(재를 지내는 사람)은 모두 두 사람인 것이다.

재 의식이 막 시작되려는데 아빠 사진을 본 어린 자식이 물었다.

"엄마, 오늘 뭐해요?"

어머니는 눈물을 보이지 않으려고 돌아앉아서는

"그래, 아빠가 외국에 가셨기 때문에."

하고 대답했다.

요령(기도 때 쓰는 소형 종)을 흔들려다가 갑자기 무슨 설움이 일어나 눈물이 핑 돌았다.

남편을 위한 부인의 잔이 올려졌다.

핏기 하나 없는 핼쑥하고 창백한 얼굴이 너무 안쓰러웠다.

법당은 온통 침울한 분위기가 흐르고 바깥 추녀에 딸랑이는 풍경 소리도 슬픔을 이기지 못하고 멎었다.

어린 자식이 아장아장 걸어나갔다. 한 잔의 물을 받쳐 든 그 조그만 하얀 손.

그 잔 무게를 이기지 못해 그 하얀 손이 떨렸다. 잔의 물이 일렁거렸다.

어린 자식은 물을 떨어뜨리지 않으려고 눈을 내리뜨고

오직 그 잔만을 바라보았다. 아버지 사진 앞에 잔이 놓이려할 때 왈칵 눈물이 쏟아졌다.

내 옆에서 목탁을 치고 있던 사미 스님(나이가 어린 스님)이 갑자기 일어서서 홱 나가 버렸다.

재를 다 마치고 법당 뒤쪽으로 돌아가니 사미 스님은 자기 무릎에 얼굴을 묻고 그때까지도 흑흑거리며 울고 있었다.

다가가서 그의 어깨를 툭툭 쳤다. 그는 충혈된 눈으로

"스님, 이런 재는 너무 힘들어요."

하며 나를 올려다보았다.

세상의 원초적 고뇌를 한꺼번에 느끼고 있는, 아직 얼굴이 파리하고 마음이 여린 사미승 또한 참 안쓰러웠다.

사바세계, 이 고통의 바다.

우리는 이곳을 건너기 위해 노를 젖고 있는 것이다.

이 시발

시골 장은 늘 활기가 있어서 좋다.

축 처지고 의욕이 일어나지 않으면 시간을 내서 장을 한 바퀴 돌고 오곤 한다.

절 주위에 뿌릴 꽃씨도 좀 구입할 겸 해서 장터에 나갔더니 눈에 띄게 들어오는 숙녀가 있었다.

내 앞에 섰는데, 키도 늘씬하고 머리도 알맞게 잘랐다. 마주 오던 사람은 다 한 번씩 쳐다보고 갈 정도로 겉보기에는 괜찮은 여자였다.

지게를 진, 머리가 희끗희끗한 노인이 뒤쪽에서 앞으로 지나가면서 모르고 지게의 짐으로 그녀의 어깨를 쳤다. 그녀는 주저하지도 않고 내뱉었다.

"이 시발, 눈까리는 뭐하는 데 달고 다니노!"

정들 틈도 없었지만, 나는 순간 만정이 떨어졌다.

몇 발자국 행렬을 따라 나아가는데 시골 할머니가 바가지에 노란 살구를 담아 놓고 앉아 계셨다.

숙녀는 잠시 그 앞에 머물러 살구를 만지작거리더니,

"할머니, 혹시 빛 좋은 개살구 아닙니까?"
하고 다그쳤다.
　나는 이날 비로소 그 아름다운 숙녀를 통해 '빛 좋은 개
살구'란 말을 실감하였다.

　티끌 하나에 온 우주가 들어있듯 한마디 말속에 그 사람
의 전 인격이 들어있다.

어묵

어디를 다니다 보면 먹는 일이 제일 귀찮다.

승복을 입고 식당에 앉아 있는 것도 어색하지만 음식 메뉴가 마땅찮은 경우가 많다.

오래 전에 학교 진학문제 때문에 부산에서 서울까지 가게 되었다. 점심 시간이 어중간해서 그냥 굶기로 작정을 했는데, 추풍령 휴게소에 도착하니 오후 1시가 넘었다. 좀 갑갑하기도 하고, 화장실도 다녀올 겸 버스에서 내렸다.

볼일을 보고 비가 부슬부슬 오길래 매점 안으로 들어섰다. 많은 사람들이 선 채로 가락국수를 훌훌 말아 마시기도 하고, 빵을 먹기도 하였다. 그 중에서 어묵을 먹는 사람들이 제일 맛있어 보였다. 무럭무럭 나는 김이며 그 구수한 냄새가 먹는 본능을 극도로 자극시켰다.

'저 어묵을 하나 먹었으면……!'

…………

'안돼, 체면이 있지!'

이 두 사안을 두고 마음속에서는 치열한 싸움이 시작되

었다.

'먹고 싶을 때 먹는 거지, 뭐.'

…………

'안돼! 딴사람들이 흉본다.'

나는 통에 든 그놈의 어묵이 얄밉기까지 하였다. 가지고 싶을 때 갖지 못하면 얄미운 줄을 그때 알았다.

그 어묵가게 앞을 계속 어슬렁거렸다. 가면서 한 번 보고 또다시 오면서 한 번 보고, 그러기를 수십 차례 왕복했다.

시간이라도 후딱 가면 좋을 텐데 시간은 또 어찌 그리 더디게 가던지, 침만 입에 가득히 고였다. '된다', '안된다'의 치고 받는 전쟁은 고속버스 출발 직전까지 계속되었는데 막상 차가 움직이기 시작하니 '또 다른 나'가 비아냥거렸다.

'이 바보야, 너는 아직도 멀었다. 모든 것에서 자유로워야 한다고 늘 말했잖아. 버스 지나갔으니 이제 다 포기해.'

그 뒤로 나는 어묵 한번 먹어 보았으면 하고 생각했었는데 그것이 잘 되지 않았다.

그로부터 10년 이상의 세월이 흐른 뒤에, 어느 법회에서 이 이야기를 하였더니 어느 신도가 어묵 몇 통을 몰래 놓고 가셨다. 참 고마웠다.

혼자 있었던 터라 용감하게 한 통 데워 먹어 보았다. 기대가 크면 실망도 크다더니 니맛도 내맛도 아니었다.

세상 사람들은 참 좋겠다.
먹고 싶을 때 먹을 수 있으니까.

法性圓融無二相…
(법성원융무이상) : 원융한 법의 성품 두 모습이 아니로다.

하얀 복실이

절 근처에 일곱 살짜리 '혜진'이가 살고 있다.

혜진이의 친구도 하나 있었는데 그의 이름은 복실이였다. 복실이는 혜진이 집에 같이 지내는, 눈망울이 초롱초롱한 하얀 강아지였다.

어느 날 혜진이 할머니가 전화로 급히 좀 와 줄 것을 간청해서 들렀더니 혜진이가 복실이를 껴안고 엉엉 울고 있었다. 복실이는 이웃집에서 놓아둔 쥐약을 먹고 죽은 것이다.

나는 혜진이를 데리고 뒷동산에 가서 복실이를 묻었다. 혜진이는 울면서 말했다.

"스님, 우리 복실이 무덤 크게 해주세요. 바람이 불어도 춥지 않게 좋은 집 지어 주세요."

제법 무덤이 그럴듯하게 완성되어가자 혜진이는 작은 손을 가지런히 모으고 "관세음보살, 관세음보살"을 연방 외웠다. 나는 혜진이의 눈물 고인 작은 눈을 바라보며

"혜진이는 참 착하구나. 복실이를 위해서 기도도 할 줄 알고……. 복실이는 아마 작고 예쁜 꽃이 되어서 다시 태

어날 거야. 우리 그때 다시 오자."
하고 달래었다.

그 후로 혜진이는 절에 올 때마다 복실이한테 가 보자고
졸라댔다. 그렇지만 사정이 여의치않아 한 번도 가 보지를
못했다.

늦가을에 복실이가 죽고 드디어 따뜻한 4월의 봄이 되었
다. 혜진이가 학교에서 돌아오는 길에 복실이를 닮은 강아
지 한 마리를 보았다면서 곧장 절로 왔다.

"스님, 오늘은 꼭 복실이한테 가 봐요!"

우리는 점심을 먹고 뒷동산에 올랐다. 하얀 옷을 입은
혜진이는 나풀나풀 뛰어가며 곧잘 길을 안내했다.

억새 수풀을 지나 작은 바위 아래 양지녘.

복실이 집이 가까웠다. 앞서가던 혜진이가

"스님, 복실이가 꽃이 되었어요!"

하고 소리를 질렀다. 정말이었다.

아담한 복실이 무덤 위에는 작고 깜찍한 보랏빛 제비꽃
한 송이가 따사로운 봄빛을 받으며 외로이 서 있었다.

혜진이는 자기가 먹던 비스킷 몇 개를 그 제비꽃 앞에
놓고 내 얼굴을 가만히 쳐다보았다.

우리는 나란히 서서 '관세음보살'을 여러 번 외우면서 제
비꽃의 탄생을 축하했다.

"혜진아, 저 제비꽃, 화분에서 키워 볼래?"

하고 말했더니 혜진이는

"스님, 여기 그냥 살도록 해요. 괜히 잘못해서 죽으면 가
슴이 아파요."
라고 했다.
　길을 내려오면서 혜진이는 몇 번이나 제비꽃을 돌아다
보며 안녕의 손을 흔들었다.

자연보호

　인간은 이제 확실한 자연의 정복자가 된 것처럼 행동한
다.
　아무 산이나 깎을 수 있고, 아무 곳에나 길을 낼 수 있다.
　지리산 노고단 길을 넘어가는데
내 앞자리에 탄 어느 노인이
　"허리를 잘랐으니 기운이 다했어."
하고 혀를 찼다.
　버스가 얼마나 달렸을까?
　산 줄기의 아랫부분을 자르고 무슨 시멘트 건물을 짓고
있었다. 노인 옆에 앉았던 어린 손주 녀석이 한마디 했다.
　"할아버지, 여기는 손발을 잘라 놓았어요!"

고정관념

도반(道伴:함께 불도를 수행하는 벗) 스님인 진회 스님의 부친이 돌아가셨다.

진회 스님은 출가한 지 얼마 되지 않은 사미였기 때문에 불교식의 장례 행사에 부족한 점이 많을 것 같아서 일부러 스님의 속가(俗家:스님의 출가전 집)를 들르기로 했다.

차를 몇 번이나 갈아타고 강원도 첩첩산중을 찾아 들어 갔다. 100여 가구 사는 제법 큰 동네였다.

먼저 염불을 좀 해드리려고 상 앞에 앉았는데 시신이 보이지 않았다.

"혹시 돌아가신 분은 어디에 계십니까?"

맏상주로 보이는 중년 남자가 아무렇지도 않은 듯 대답했다.

"염(시신을 이리저리 묶음)을 해서 대문 바깥에 모셔 놨습니다."

나는 속으로 깜짝 놀랐지만, 무슨 연유가 있을 것 같아서 다시 물었다.

"혹시 병환으로 돌아가셨습니까?"

"아닙니다. 노환으로 편안하게 가셨습니다."

보통 내가 아는 풍습으로는, 돌아가시면 염을 잘해서 관에 넣어 방 안에 모시고 병풍으로 가려 놓는 것이 일반적인데, 돌림병으로 돌아가신 것도 아닌데 이럴 수도 있는가 싶어 의아스러웠다.

때는 초겨울이라 날씨가 제법 쌀쌀했다.

굴건 (屈巾 : 상주가 두건 위에 덧쓰는 건)을 하고 상복(喪服)을 입은 모양새는 뼈대 없는 집안은 아닌 것 같은데, 자기들은 춥다고 불을 지펴 방에 오글오글 모여 있으면서 고인은 바깥에 꼭 무 더미처럼 해서 방치하듯 해 놓은 것을 보고 여러 생각이 났다.

'정말 고정 관념은 별것이 아니구나.'

혹시 하는 생각으로 마을 어귀를 나오면서 동네 노인한테

"어르신, 이번에 초상난 집이 양반입니까?"

하고 여쭈었더니, 그 노인께서 하시는 말씀이

"예, 스님. 이 고을에서는 알아주는 양반 가문입지요."

하였다.

무정 세월

   절 안에서 이루어지는 야학이 있었다.

   주로 밤에 모여 고등학교 과정을 공부한다. 남녀 30명 정도였는데 꽤나 열심히 하였다. 낮에는 일하고, 밤에 와서 공부하는 모습들이 참 대견스러웠다.

   무엇보다도 무보수로 그들을 지도하는 대학생들이 그렇게 고마울 수가 없었다.

   그때 그 금화사에서 만난 한 소녀가 있었다.

   '아담한 체구에 깜찍한 눈매, 그리고 살포시 웃는 모습, 하얀 이빨 드러날 때 쏙 들어가는 보조개, 착한 마음씨.'

   나는 그 소녀에게 소녀심(少女心)이란 법명(法名 : 절에서 부르는 이름)을 지어 주었다.

   그 소녀심이 참 귀여웠다. 속으로 '너는 늘 그 소녀 같은 모습이었으면 좋겠다'하고 욕심까지 냈다.

   얼마 뒤에 나는 다른 데로 가게 되었다.

   몇 년이 지난 후 먼길을 소녀심이 찾아왔다.

   나는 무척 보고 싶었기 때문에 온다는 날 아침부터 일주문에서 서성이며 기다렸다.

정작 내 앞에 나타난 소녀심은 나의 하얀 정서를 한꺼번에 구겨 버렸다.

'끈으로 맨 운동화 대신 높다란 하이 힐. 보오얀 살결 대신 눈 주위의 시퍼런 화장.'

별로 말도 하고 싶지 않았다.

그 이후로 다시는 여자 신도들한테 소녀심이란 법명을 지어 주지 않았다.

청춘

늙지 않는 방법은 없을까?

이것은 우리 인간들의 큰 고민이자 숙제이다.

늙지 않는다면 얼마나 좋을까!

사실, 젊은 청춘은 그 이름만으로도 싱그럽다. 무얼 바르지 않아도 몸에는 저절로 감미로운 향기가 나서 주위를 기분좋게 하며 얼굴에는 애써 물감을 칠하지 않아도 생기 있는 입술, 팽팽한 피부가 24시간 유지된다.

신발을 구겨 신어도 밉지 않고, 머리는 손질을 하지 않고 아무렇게나 하고 다녀도 다 멋으로 보인다. 그런데 그런 시절은 안타깝게도 너무나 짧다.

여자는 24세가 넘으면 늙어 가고 남자는 27세가 넘으면 늙어 간다.

아침부터 어느 신도가 와서 부처님 앞에서 눈물을 징징 짜고 있었다. 울고 싶을 때는 실컷 울어 버리라는 것이 내 평소 생각이기 때문에 사연도 묻지 않고 내버려 두었다.

한참 후 그 신도는 내 방문을 노크했다.

눈이 퉁퉁 부어 몰골이 말이 아니었다. 그렇지만 심각한 문제는 아닌 듯했다.

"우니까 부처님이 뭐라고 하십디까?"

나는 실실 웃으면서 천연덕스럽게 물었다. 신도는 자신도 괜한 짓을 했는가 하는 맘이 들었던지 헛웃음을 웃어 보였다.

"스님, 오늘 남편한테 충격적인 소리를 들었어요. 남편이 글쎄 제 얼굴을 한참 보더니 '당신 이제 많이 늙었어' 하고는 휙 나가 버리지 뭐예요. 저는 방에 들어와서 거울을 들여다보고는 정말 저도 깜짝 놀랐어요. 눈가에는 잔주름이 지고 그 팽팽하던 얼굴이 푸석푸석한 거 있죠? 저는 남편이 입버릇처럼 하는 사랑한다는 그 말만 믿고 늙은 줄 모르고 지내온 거예요."

말을 하면서도 그 신도는 자기 뺨을 만지작거리더니 눈물을 글썽이면서 핸드백에서 미니 거울을 꺼내었다. 그리고 거울을 자기 얼굴에 가까이 붙였다가 멀리 떼었다가 하면서 별 표정을 다 지었다. 내가 한마디 쏘아붙였다.

"보살님! 보살님은 이미 인생 끝입니다. 보살님 남편이니까 데리고 살지 이제는 눈먼 새도 안돌아볼 겁니다."

신도는 내가 위로라도 해줄 줄 알았는데 전혀 엉뚱한 소리를 하니 당혹스럽기도 했지만 바짝 약이 올랐다.

"스님은 불난 집에 부채질하는 겁니까! 중생(衆生)이 고

통을 받고 있는데 해결을 해주시지는 못할망정 무슨 말씀을 그렇게 하세요?"

그러더니 이제는 손수건까지 꺼내서는 질질 짜고 있었다. 갈수록 태산이었다.

나는 일단 상대하면 안될 것 같아서 초강수를 두었다.

"보살님이 늙는 것하고 나하고 무슨 상관 있소. 아침부터 정신 소란스럽게. 빨리 집에 가요!"

신도는 자리에서 벌떡 일어나더니

"무슨 스님이 이래. 내가 다시 이 절에 오나 보세요. 이 절 아니면 어디 절이 없는 줄 아세요?"

하고는 나갔다.

저녁 때 주지 스님이 부르셔서 갔더니 그 보살 이야기를 하셨다. 소식을 들으신 것이다.

주지 스님한테 고자질하는 것을 호되게 야단쳤다고 하셨다.

이튿날 그 신도는 음료수 한 박스를 들고 또 찾아왔다. 얼굴이 수척했다.

"스님, 어제는 죄송했어요. 참회할게요."

나는 또 보기가 안돼서 이야기 몇 마디를 해주었다.

"보살님, 더우면 더위 속에 뛰어들고 추우면 추위 속에 뛰어들어야 합니다. 덥다고 나태해 있어서는 더욱 더위만 느낍니다. 춥다고 해서 움츠리고만 있으면 더욱 추워질 뿐 아무것도 할 수 없습니다. 그것처럼 인생도 마찬가지입니다. 늙음 속에 뛰어드셔야 합니다. 그것이 바로 늙음을 의식하지 않는 길이며 늙지 않는 길입니다. 뭐라도 하십시오. 가만 있으면 안됩니다. 취미생활을 하든지, 사회봉사를 하든지."

나는 그 신도에게 100일간 108배 및 하루 한 시간 관음정근(계속 관세음보살을 부르면서 부처님을 생각함)을 하도록 숙제를 주었다.

그 뒤로 그 신도는 곧 얼굴이 밝아지고 전에 볼 수 없었던 우아함과 화사함이 나타나기 시작했다.

"스님, 요즘은 모든 일이 즐겁고 잘 되어갑니다. 봉사단체에도 가입했습니다."

마음이 지극히 평온하면 그까짓 육체야 젊든 늙든 무슨 관계가 있겠는가!

젊은 대로 멋이 있다면 늙은 대로 또 멋이 있는 것을……

철새 신도

대학입시가 다가오니 평소에 보이지 않던 사람들이 하나 둘 나타났다.

철새 신도들이다. 철이 되면 왔다가 철이 끝나면 돌아가는 새처럼.

한 아주머니가 축원(祝願) 카드를 뽑아 오더니 내 손에 쥐어 주면서

"스님, 제 아들 특별히 부탁드립니다."

하고 부산을 떨었다. 성씨를 보니 박씨였다.

박씨 아주머니는 그날부터 아침 저녁으로 절에 뛰어다녔다. 드디어 시험이 치러지고 모든 게임은 끝났다.

그 후로 박씨 아주머니가 보이지 않아 다른 사람한테 물어보니, 아들이 모 대학 장학생으로 합격했다고 한다. 나는 부처님이 참 후하시다고 생각했다.

'우물가에서 숭늉 찾는 사람에게 숭늉을 만들어 주시는 부처님!

35

원하기만 하면 짧은 시간에도 일을 이루어 주시는 부처
님!

그렇지만 부처님, 그런 기적을 너무 자주 만들어 주시면
사람들의 버릇이 나빠질까 염려됩니다.'

그런데 이듬해 입시철에 박씨 아주머니가 또 나타났다.

나는 반갑게 물었다.

"아주머니, 이번에도 기도할 일이 있습니까?"

아주머니는 좀 겸연쩍은 듯 말했다.

"예, 연년생이라서요……."

진실한 사랑

나를 진실로 사랑한 한 여자가 있었다.

늘 그분한테 받기만 했다는 생각이 들어 미안해 하고 있다.

그분의 연세는 당시 일흔 다섯이었다.

부산 한 모퉁이에 살 때였는데 그 보살님은 절에 오기 위해 버스를 두 번씩이나 갈아타고 그것도 한 시간 반이나 걸려서 오셨다. 밤눈이 어두우셔서 어떤 때는 서너 시간을 헤매다가 찾아오시기도 했다.

처음 인연이 되었을 때 보살님은 밥상 위에 여러 종류의 반찬을 올려 놓으셨다. 나는 그 중에서 상추, 쑥갓 등 푸성 귀만 다 먹었다. 나의 식성을 파악한 보살님은 오실 때마다 상추를 비롯한 푸성귀 한 봉지씩을 꼭 들고 오셨다.

마음을 써 주시는 것이 너무 고마워서 지나는 길에 보살님 댁을 방문하였더니 한옥 작은 집에 사셨다. 옛날부터 살던 집이었는데 자식들은 다 분가해서 나가고 혼자 계셨다. 방 두 칸 달세를 받아 생활비로 쓰신다고 했다.

겨울 어느 날, 보살님은 펑펑 쏟아지는 눈을 하얗게 맞으시고 옆구리에 큰 보따리 하나를 들고 나타나셨다.

스웨터였다.

1년이 걸려서 짜셨단다.

그렇게 맘에 들지는 않았지만 보살님이 시키는 대로 입어보았다. 그냥 맞았다. 평소 점잖고 다소곳하던 분이 갑자기 박수를 치시면서 싱글벙글 좋아라 하셨다.

"보살님, 오늘따라 꼭 소녀 같습니다."

"예, 스님. 눈도 오구요……. 제 마음은 아직 소녀예요."

그 후에 보살님을 '흰머리 소녀'라고 불렀더니 아주 싫어하셨다. 그래서 그 호칭은 그만두었다.

짭짤한 바닷바람이 아지랑이 따스한 기운을 찾아 조용히 달려오던 시절 어느 날, 보살님이 불러내서 나갔더니 금은방이었다.

"보살님, 여기는 왜 오셨어요?"

"스님한테 반지 하나 해드리려구요."

"보살님, 스님들은 반지 못 끼게 되어 있어요."

우리는 한참 동안 옥신각신 말이 많았다. 보살님은 하지 않으면 안 될 것처럼 떼를 쓰셨다. 정성을 무시하는 법이 어디 있느냐고 화를 내시길래 나는 차선책을 내놓았다.

"卍(만)자 목걸이로 하지요."

여덟 돈짜리 금목걸이로 합의를 보았지만 보살님은 반지가 아니라서 조금 섭섭해 하셨다.

"왜 꼭 반지라야 됩니까?"

보살님은 부끄러우신 모양이다.

"반지는 눈에 보이니까 그렇지요."

하고 얼버무렸다.

금반지를 선물하기 위해 월세를 틈틈이 모아 장판 밑에 보관하셨다던 그 돈은 나일론 장판에 서린 김 때문에 축축하였다.

"스님, '이 금처럼 저의 마음이 변치 않았으면' 하고 진작부터 생각하고 있었어요."

그로부터 수개월이 지난 뒤 보살님은 사정이 생겨 먼 시골로 떠나셨다. 연락처도 없이 그냥 가셨다.

누워 계시면 가만히 나의 모습이 떠오른다 하시던 보살님!

그 보살님에게 나는 아무것도 해드린 것이 없는 것 같아 죄스러움이 남는다.

諸法不動本來寂…
(제법부동본래적) : 모든 법은 변함없이 본래가 고요한데

원 한

산중의 조용한 작은 절이다.

공부하는 학생 서넛이 함께 지낸다.

그 중에서 성민이라는 고1짜리가 방학 기간을 이용해서 와 있었는데, 성격이 조금 내성적이면서도 장난이 심했다.

성민이는 집에서 외동아들이었으므로 부모님이 절에 보내긴 했어도 늘 걱정이 많았던 모양이다. 적어도 일주일에 한 번은 꼭 그의 아버지나 어머니가 다녀가셨다.

그런데 어느 날 저녁, 공양(供養:식사)을 하고 자기 방으로 간 성민이가

"스님!"

하면서 외마디소리를 질렀다. 그리고 잔뜩 겁에 질려 뛰어왔다.

"성민아, 왜 그래?"

"스님, 제 방에 뱀이 있어요."

가 보니 큰 구렁이가 방 가운데 똬리를 틀고 있었다. 자세히 보니 몸뚱이가 껍질이 조금 벗겨져 있었다.

"성민이 니가 뱀을 건드렸구나!"
하고 다그쳤다.

사정을 들어 보니 성민이가 저녁 공양 전에 혼자 산책을 하다가 돌담벽을 타고 넘어가는 뱀 (구렁이)을 보고 짓궂게 돌을 던진 것이다.

성민이를 공양하는 방에 보내 놓고, 뱀이 있는 성민이 방에 들어갔다.

"니 방 아니니까 나가야지."
하고 타이르니 서서히 똬리를 풀고 바깥으로 기어나갔다.

공양하는 방에 다시 와서 학생들이랑 윤회 (輪廻)에 대한 이런저런 얘기를 나누다가 한 시간이나 지나서 성민이를 비어 있는 옆방에 가서 자도록 이야기하고 나는 내 방으로 갔다.

잠시 후 다시 성민이가
"스님!"
하고 또 다급하게 불러 대었다.

급히 달려가 보니 그 구렁이는 성민이가 옆방에 올 줄 알았던지 거기서 또 똬리를 틀고는 머리를 쳐들고 있었다. 단단히 화가 난 것 같았다.

성민이를 다시 공양하는 방으로 보내 놓고, 나는 방으로 들어가
"여기도 니 방 아니니까 나가자."
하면서 손으로 몰아내는 시늉을 하니 또 서서히 기어나갔다.

학생들이 전부 공양하는 방에 다시 모였다. 다들 잔뜩 긴장되었다. 잠시 시간을 보내다가

"안되겠다. 나하고 자야겠다."

하고 성민이를 데리고 내 방으로 갔다.

막 문발을 걷어 올리는데, 그 구렁이가 언제 들어왔는지 또 거기 있었다.

이번에는 그냥 내버려 두고 공양하는 방으로 다시 돌아왔다. 그새 밤은 꽤 깊어갔다.

"여기서 이야기나 하면서 함께 밤을 새우자."

다시 윤회와 인과(因果)에 대한 이야기가 오고 가는데 인기척이 나서 내다보니 성민이 부모님이 플래시를 들고 그 야밤에 산길을 올라오셨다.

내가 인사를 했다.

"이 밤에 어쩐 일로 이렇게 올라오십니까?"

성민이 어머니가 말했다.

"저녁에 밥해 놓고 살폿 잠이 들었는데 꿈이 하도 이상해서 애 아버지 오시자마자 같이 허겁지겁 왔습니다. 무슨 일 없었습니까?"

성민이 부모님이 방 안에 들어와 앉았다. 우리는 그간에 있었던 이야기를 찬찬히 다 했다. 성민이 아버지는 전혀 믿기지 않는 표정이었다.

성민이 어머니가 꿈이야기를 늘어 놓았다.

"살폿 잠이 들었는데 성민이가 멱을 감는다고 친구들이

랑 강에 나갔습니다. 하도 애가 쓰여서 잠시 후에 나가 보
았지요. 그런데 친구들은 보이지 않고 성민이가 강물에서
혼자 자맥질을 하는데 갑자기 갓을 쓴 허연 영감이 나타나
더니 손으로 애 머리를 물 속에 밀어넣었습니다. 성민이는
한사코 머리를 쳐드는데 그 뒤로 또 두 번이나 밀어넣었습
니다. 막 허우적거리면서 필사적으로 몸부림을 치니 답답
해서 내가 강에 뛰어드는데 스님이 뒤에서 '보살님'하고
불렀습니다. 그 소리에 잠이 깼습니다."

　이튿날 성민이는 당장 보따리를 싸서 하산(下山)했다. 구
렁이는 다시 나타나질 않았다.

동 심

초파일을 하루 앞둔 저녁에 다섯 살짜리 '진영'이가 왔다.

증조할머니를 따라 왔는데 절이라고는 태어나서 처음이라고 한다.

증조할머니는 도착하자마자 부처님 전에 올릴 과일을 준비하느라고 바빴다. 그래서 먼저 진영이를 데리고 법당 쪽으로 갔다. 법당에는 '와불(臥佛-누워 계시는 부처님)'이 모셔져 있다.

나는 진영이더러

"진영아, 부처님께 가서 진영이 왔어요 하고 인사를 드려야지."

하고 시키고는 법당 밖에서 기다렸다.

문을 열고 들어간 아이가 금방 나왔다. 아이 손을 잡고 계단을 따라 내려오는데 마침 진영이 증조할머니가 과일을 들고 올라오셨다.

진영이가 할머니더러 눈을 깜빡이며 말했다.

"할머니, 부처님이 주무시니까 말은 하지 말고 조용히

뵙기만 하고 빨리 나오세요."

나는 '동심이 이런 것이구나' 하고 감격했다.

진영이는 그 이후로 몇 번 다녀갔다.

열한 살, 5학년 칠석 때 방학을 이용해서 또 왔었다.

어디 나갔다가 오니까 고양이를 안고 있었다. 온 지 벌써 몇 시간 된 것 같았다.

그렇게 예의바른 아이가 일어서지도 않고 앉은 채로 생긋 웃으며 목례만 했다. 그리고는 손가락을 자기 입에 대고는 조용히 하라는 신호를 보냈다. 그리고 손짓으로 나를 불렀다. 다가가니까 나의 귀를 끌어당겨 귀엣말로

"스님, 고양이가 자고 있어요. 죄송해요. 고양이가 깨면 스님께 큰절 드릴게요. 스님, 보고 싶었어요."

하고 속삭였다.

보기만 해도 보는 이의 마음을 선(善)하게 하는 아이.

우리는 그날 밤 초롱초롱한 별하늘을 바라보며 견우와 직녀에 대해 이야기하였다.

눈 치

공원 벤치에 앉아 봄볕을 쬐고 있었다.

플라타너스 그 바짝 마른 나무에 손바닥만한 초록잎들이 뾰족뾰족 얼굴을 내밀고 있다.

어찌 저리도 맑고 투명한 빛깔일 수 있을까? 눈 속에 넣고 싶은 충동이 일어날 정도다.

오묘한 자연의 숨결소리를 들으며 인연조화를 감상하고 있는데, 길 저쪽의 어린아이가 또박또박 정원 안으로 걸어 들어가더니 심어 놓은 꽃 한 송이를 꺾었다.

갑자기 어머니가 나타나더니 당황스럽게 아기를 안아 내었다. 어머니가 두리번두리번 살피더니 아기더러

"여기 들어가는 것 누가 봤어? 안봤어?"

하고 닥달을 하였다. 아기가 말없이 고개를 가로 저었다.

그러자 어머니는

"그럼 됐다. 빨리 가자."

하고 아기 손을 끌었다.

십여 미터 가더니 아기가 어머니 얼굴을 쳐다보며,

"엄마, 여기는 아무도 없는데 꽃 한 송이 꺾으면 안 돼
요?"

하고 천진스럽게 말했다.

내가 헛기침을 했다.

어머니가 그제서야 나를 보고는 황급히 다른 쪽으로 방
향을 바꾸어 달아났다.

無名無相絶一切…
(무명무상절일체) : 이름없고 모습없어 일체가 끊어지니

친 절

버스 터미널에 막 내리자 넥타이를 맨, 말쑥하게 차려 입은 어떤 신사가 푸념을 늘어 놓았다.

"스님, 저는 마산이 집이온데 친구집에 왔다가 지갑을 쓰리당했습니다. 마산까지 가는 차비만 좀 보태 주십시오."

나는 보기에 참 안됐다 싶어서 마산까지 갈 수 있는 차비로 오천 원을 주었다.

볼일을 보고 사흘 후에 그 터미널에 다시 갔더니 아직도 그 사람이 거기 서 있었다.

며칠 전의 나를 잊어버리고

"스님, 저는 경주가 집이온데 친구집에 왔다가 지갑을 쓰리당했습니다. 경주까지 가는 차비만 좀 보태 주십시오."

무대가 마산에서 경주로 바뀐 것이다.

넥타이가 바뀐 것을 보니 제법 수입이 짭짤한 것 같았다. 서울 말씨였으므로 이것도 하나의 신종 직업인가 보

다. 수단 방법 가리지 않고 돈벌이하는 것은 괜찮지만 좀
심하다는 생각이 들었다.

"나를 따라 오시오. 해결해 드리겠습니다."

나는 진짜 경주까지 보내 버릴 작정을 했다.

그가 쭐레쭐레 따라왔다.

매표소에 이르러

"경주 가는 표 한 장 주시오."
하는 순간에 쏜살같이 도망가 버렸다.

어딜 가나 요즈음 이런 사람들이 꽤 많아졌다.

그 이후로 나는 그런 사람들이 나타나면 꼭 매표소까지
데리고 간다. 그러면 쉽게 문제가 해결된다.

이 이야기를 일곱 살 난 어린 동자승한테 했더니

"스님이 너무 친절하게 하니 황송해서 다들 그냥 가는
거겠죠!"
라고 하였다.

證智所知非餘境…
(증지소지비여경) : 깨닫는 지혜일 뿐 지식으론 알 수 없네.

자손 갖기

키도 작고 몸집도 볼품이 없는 '일우'라는 스님이 계셨다.

일우 스님은 막 환갑을 넘긴 고참 수좌(首座:정진하는 스님이란 뜻)로서 우리 젊은 스님들이 많이 믿고 따랐다. 늘 차분하셨으며 관광객들을 상대로 한번 설법(說法)을 할 때면 사자의 울음처럼 모든 사람의 마음을 시원하게 하였다.

혹시 신참 스님들이 길을 물을 때는 자상한 형님 같았고, 알면서도 행하지 않는 후배가 눈에 띌 때는 그 즉시 불호령을 내리기도 하였다. 그리고 연장(年長)인 스님들에게는 언제나 인사성이 밝았다.

그러므로 큰절의 모든 대중 스님들이 일우 스님을 좋아하였다. 혹 스님들끼리 시비 논쟁거리가 있더라도 스님께만 가면 자동적으로 해결되었다.

한 단계의 공부를 마치고 큰절을 떠나 멀리서 살고 있는데 일우 스님이 그 나이에 장가를 들었다는 소문이 들렸다.

'그럴 리가 있나. 내 눈으로 확인해야겠다.'

나는 아는 사람들한테 묻고 물어 스님이 계신 곳까지 찾아갔다.

작은 암자였다. 법화종 계통의 절이었는데 절 소유주는 따로 있었고 거기서 그냥 살고 계시는 모양이었다.

스님께서는 나를 보더니 몸둘 바를 몰라하셨다.

나는 인사치레로

"스님, 지내실 만하십니까?"

하고 여쭈었다.

"젊은 수좌, 이런 모습을 보여 줘서 미안하네."

하고 인사를 받는데 그 당당하고 패기에 넘치던 비구(比丘) 기질은 어디 가고 서리 맞은 구렁이처럼 사람이 반 등신이 되어 있었다.

스님은 모든 이야기를 내놓으셨다.

스님은 이북 사람으로 6·25 때 월남하였다.

위로 형님이 두 분 계셨는데, 큰 형님은 그때 전사하였고, 작은 형님이 장가를 가서 조카가 여럿 있었다. 그런데 몇 년 전 작은 형님네 가족들이 승용차를 타고 고속도로를 달리다가 사고를 당해 일가족이 모두 죽었다.

종가(宗家)의 역할을 하던 그 집안이 몰락하자 전통적 유가(儒家) 사상에 젖어 있던 스님의 먼 일가 친척들이 어쨌든 가문의 위신은 세워야 된다며 스님을 찾아와 회유하기 시작하였다.

'씨'만 하나 낳아 주면 된다는 것이었다. 스님은 잠을 자지 않고 며칠을 고민하였다. '나'를 포기하면 된다는 단순한 생각으로 결혼은 하지 않고 '씨'만 만들어 주기로 허락을 하였다. 일가 친척들이 씨받이 한 명을 구해왔다.

그 씨받이는 나이 28세로 지능지수가 조금 모자라는 '반푼이'였다. 시집가서 아기 하나 낳고 쫓겨와서 친정집에 있는 것을 달래서 데리고 왔다.

친척들이 이 암자 주인과 잘 이야기를 해서 먼저 씨받이 여자를 데려다 놓고 스님을 억지로 이리 끌고 왔다.

스님은 이 이야기를 해 놓고 괴로운 듯 멍하니 천장 한쪽을 응시하고 있었다.

이곳에 온 지 1년이 되어 간다는 말씀을 하셨으므로 나는 물었다.

"혹시 임신했습니까?"

문 앞에서 서성거리며 이야기를 엿듣고 있던 그 씨받이가 자기더러 묻는 줄 알고 반가운 듯

"이번에는 애가 안들어서네요."

하고 주책없이 뛰어 들었다. 스님이 얼굴이 빨개지면서 문을 열어 제치고

"저쪽에 가서 좀 있거라."

하고 쫓아보냈다.

나는 거기서 오래 머물고 싶지 않았다. 그리고 아무것도 말해 주고 싶지 않았다.

갈참나무 숲으로 가득 찬 그 사이 작은 길을 내려오는데, 갈참나무 잎들이 가을바람에 못 이겨 우수수 떨어지면서 나의 머리통을 힘있는 대로 찍어 눌렀다.

'도대체 혈통이라는 게 뭐 그리 대단하나. 저런 바보가 아기를 낳으면 또 2세는 어떻게 되나. 스님도 같이 바보가 되었나.'

이런저런 잡념으로 머리가 터질 듯이 아파왔다.

그 이후로 십여 년 세월이 흐른 뒤 그쪽을 갈 기회가 있어서 한번 들렀다.

스님이 보이시질 않았다. 그 씨받이도 없었다.

부엌에 있는 아주머니더러 누구냐고 물었더니 자기가 집주인이라고 그랬다.

일우 스님의 이야기를 했더니 그 아주머니는 퉁명스럽게

"스님, 돌아가셨다고 얘기 들었습니다."

하고 말했다.

"여기서 쭉 계시지 않았습니까?"

"씨받이가 곧 도망을 가고, 스님도 하산하셨습니다. 촌동네 허름한 집을 한 채 얻어서 거기서 밭을 일구면서 살다가 몇 년 전에 돌아가셨다고 하더군요."

"……."

비록 퇴락했지만, 그때 그 스님이 거처하던 집이 그대로 있었고, 그 산도 그대로 있었다. 그리고 그 하늘도 그대로 있었다.

사람은 죽어 없어지면 돌아간다 말하지만 그 산과 그 하늘을 떠나 어디에 가겠는가!

영원한 만남

"스님, 스님께서 제 얘기를 꼭 들어 주셨으면 해서 성가시게 이 누추한 데까지 오시라고 했습니다. 예의가 아닌 줄 알지만, 용서해 주십시오."

할머니는 내가 기거하는 절에 오래 다니셨다. 이제 노환으로 거동하시지 못하고, 누워 계시는 것이다. 하 신심 (信心)이 있었으므로 꼭 문병 (問病)을 해야겠다는 마음을 가지고 일부러 찾아 뵌 것이다. 또 할머니도 보고 싶어하신다고 전해왔고.

할머니는 누우신 채로 엉클어진 머리를 손가락으로 빗으시면서 힘들게 말씀을 이으셨다.

"스님, 내가 열대여섯 되었을 때 우연한 기회에 한 청년을 알게 되어 열렬히 사랑에 빠졌지요. 그런데 그 청년은 진사집 아들이었고 나는 아버지 없는 무당 딸이었습니다.

우리 어머니는 나의 머리카락을 움켜 쥐고는 미친 년이 올라가지도 못할 나무를 쳐다본다고 울며불며 야단을 쳤습니다. 그 청년 쪽에서는 집안 망신시킨다고 그쪽은 그쪽

대로 대단했던 모양입니다.

그랬지만 우리는 모두가 잠든 새벽녘에 뒷산에서 몰래 만나기도 하며 서로가 사랑하는 마음은 식어지질 않았습니다. 그러다가 그 청년은 가족들 때문에 다른 여자와 억지로 결혼하게 되었습니다.

결혼날이 잡히던 날 우리는 자주 만나던 뒷산에서 목을 놓아 울었습니다. '다음 생에 떳떳하게 결혼하자'고 맹세하고 맹세했습니다. 그 약조로 그 청년은 자기 이빨로 내 팔뚝에 자국을 내고, 자기 이빨로 자기 팔뚝에도 자국을 냈습니다. 물론 그 자국은 지워졌지만 그 청년의 체취는 아직도 내 몸에 배어 있습니다.

가슴이 찢어지는 아픔은 말할 수 없었지만, 나는 그 청년을 위해 꼭 행복하기를 빌었습니다. 그러나 애석하게도 그 청년은 결혼한 지 꼭 1년 만에 돌림병을 얻어 죽었어요. 나는 줄곧 결혼하지도 않고 여태껏 혼자서 살아왔습니다.

나이 오십이 막 넘어설 때 이 절에 다니게 되었고, 지장재일(음력 18일 : 돌아가신 분을 위해 극락 왕생을 발원하며 기도하는 날)마다 그 청년을 위해 기도하게 되었지요. 오직 그 청년만 생각하니 혼자서도 살아지더군요.

스님, 이제 내 몸 상태로 보아 다시는 일어날 수 없을 것 같습니다. 이건 제가 일부러 모아 놓은 것입니다. 백만 원인데 적은 돈이지만, 꼭 부탁할 일이 있습니다.

제가 죽거들랑 죽은 지 49일 될 때 제가 지장재일 때마다 기도 부치는 그 영가(靈駕 : 돌아가신 영혼)와 영혼 결혼을 시켜 주시면 고맙겠습니다.

스님, 안그래도 바쁘신데 번거롭게 해드려서 죄송합니다."

나는 그날 비로소 그 할머니가 지장재일 때마다 정성을 드리는 그 영가의 모습을 알게 되었다.

얼마 있지 않아 할머니는 돌아가셨고, 그로부터 49일째 되는 날 아침 부처님 전에서 영가(영혼)결혼식이 성대하게 올려졌다.

절 마당에 오색찬란한 번(幡 : 부처님 이름이나 부처님 말씀이 적힌 깃발)이 나부끼고 산천의 나비들이 쌍을 이루어 하객으로 찾아들었다.

아지랑이 피어오르는 화창한 5월의 봄날, 온 산에는 붉은 진달래꽃이 만발하였다.

의식에 따라 신랑 신부 두 사람의 옷이 불살라질 때 그 연기는 서로 엉켜 영겁(永劫)의 시간 속으로 날아올랐다.

과 보

마을에 큰 사고가 났다고 전갈이 왔길래 급히 마을로 내려갔다.

절 밑 동네의 '시시' 라는 청년이 군에 입대한 지 몇 달이 채 못 되어 싸늘한 시체로 돌아온 것이다.

운전병이었는데 운전 미숙으로 낭떠러지에 떨어져 사고를 당했다 한다. 돌이켜 보면 이 죽음은 우연한 사고가 아니라 과보(果報)였다는 것을 직감할 수 있었다.

시시가 입대하기 전의 일이다.

시시에게는 사랑하는 '수인' 이라는 아가씨가 있었다. 그런데 둘은 가족의 만류와 반대에 부딪쳐 의견 충돌이 잦아지면서 서로가 갈라서는 쪽으로 방향을 잡았다. 그러나 수인의 뱃속에는 이미 8개월된 아기가 자라고 있었다. 결국 아기를 떼내었다.

그때 시시의 친구가 절에 와서 흥분하면서 이 얘기를 털어 놨던 것이다.

"스님, 그들은 무척 사랑했습니다. 고등학교 2학년 때부

터 연애를 시작해서 3학년 때 동거를 시작하면서 임신을 했습니다. 시시는 남자답고 수인이는 참 예뻤습니다. 그런데 양 집안에서는 각기 자기 자식이 더 아깝다는 식으로 혼사를 반대했습니다. 양 집안 어른들의 사이가 이렇게 되니 당사자들도 싸우는 날이 많아지게 되었답니다."

그는 속이 타는지 물 한 모금을 마시고 다시 말을 이었다.

"수인이는 배가 남산만 해서 시시가 보고 싶어 찾아가면 시시는 장롱 속에 숨기도 하고 뒷산으로 줄행랑을 치기도 했습니다. 못된 동생 '이시'는 망을 보았지요. 그러니 결국 수인이는 대단한 결심을 하고 산부인과를 찾게 되었습니다. 산부인과에서는 시일이 너무 경과하였으므로 정상 분만으로 일을 처리했답니다."

내가 다그쳐 물었다.

"시시는 옆에 있었다고 하더나?"

"예. 시시가 직접 말해 주었습니다. 8개월이 된 아기를 낳는데 바깥에서 자기가 소리를 들으니까 아기가 다섯 번 울더니 소리를 멈추더라고 했습니다. 그리고 수술이 끝난 후 시시는 수인이를 여관에 밀어넣고 혼자 도망쳐 나왔다고 했습니다."

"시시는 앞으로 어디 취직한다고 하더노?"

"곧 군에 지원할 모양입니다."

나는 이상야릇한 불길한 예감을 느끼며 시시를 절에 한번 꼭 오도록 부탁했었다. 그런데 그는 끝내 오질 않았다.

시시는 그렇게 해서 군에 간 것이다.

날짜를 짚어 보니 공교롭게도 시시는 8개월 된 아기가 다섯 번 울음을 내고 숨진 후 꼭 8개월 만에 사고를 당한 것이었다. 아무것도 모르는 마을 사람들은 시시의 죽음을 '아까운 청춘'이라고 혀를 찼다.

어디서 소식을 들었는지 시시의 시신 앞에 수인이 나타났다. 그녀는 눈물 한방울 흘리지 않았다. 눈썹 하나 이지러지지 아니하였다.

시시의 부모들이, 아무 감정도 없이 말뚝처럼 서있는 그녀의 손을 잡고

"아가야, 니한테 몹쓸 짓을 해서 가슴이 아팠다. 그 죄를 받았구나. 정말 잘못했다……."

수인이는 그 말을 듣는 둥 마는 둥 그들의 손을 뿌리치고는 나가 버렸다.

나는 위패는 겨우 써 붙였지만 염불은 하지 못하고 자리를 떴다. 염불을 하고 싶지 않았다.

지루한 장마가 아직 끝나지 않았다.

난 우산을 받지 않고 산을 올랐다.

장대처럼 쏟아지는 비를 맞으면서도 시원한 느낌이 없었다.

*2*장

정법을 찾다 보면 세상 행복은
저절로 이루어질 걸세

돈이 되는 뱀

잠시 머물러 살고 있는 이 섬은 뱀이 더러 있다.

뱀도 순박한 섬사람을 닮았는지 독이 있는 독사가 아니라 독이 전혀 없는 능사(능구렁이)가 대부분이다.

몇 해 전만 해도 이 능사가 집 담에도 기어다닐 만큼 많았지만, 요즘은 정력제 바람이 불어서 많이 없어졌다고 한다.

근처에 사는 영감님이 길을 가면서 자꾸 무엇을 살피면서 갔다.

"영감님, 뭘 찾으세요?"

"스님, 요즘 뱀 한 마리 잡으면 2, 3만원 준답니다. 뱀도 돈이라니 혹시나 해서 자꾸 풀섶을 살피게 됩니다."

"영감님, 옛날에는 뱀을 안잡았습니까?"

"잡는 게 다 뭡니까. 징그러워서 피해 다니고 만날까 봐 겁냈지요."

영감님이 껄껄껄 웃으면서 말을 이었다.

"보기 싫었던 뱀도 돈이 된다니 어디 안나타나나 하고 살피게 되네요."

부처님 모습

신도들이 자주 이런 말을 한다.

"부처님이 뵙고 싶어 왔습니다."

나는 이 말의 의미를 몰랐다. 뭐 내 들으라고 하는 인사
치레거니 생각했다.

불상으로 된 부처님이 계시지 않는 곳에서 혼자 오래 있
을 시간이 있었다.

한 달이 가고 두 달이 가고, 부처님이 뵙고 싶어 견딜 수
가 없었다.

"부처님, 너무 뵙고 싶어요!"

부처님은 부처님의 모습대로 계시는구나.

가까이 계실 땐 몰랐더니……

그렇게 귀중하신 분.

세상에 놓여진 풀 한 포기, 바위 하나에도 생명력이 살
아 숨쉰다는 것을 느낀다.

나는 기독교 꽃

새벽같이 한 젊은 거사가 찾아왔길래 대충 옷을 주워 입고 뜰 앞에 나섰다.

아직 어둠이 채 가시지 않은 산사의 뜨락 여기저기 핀 백합꽃이 간밤의 이슬을 머금고 청초롭게 무더기를 지우며 길손들을 맞이하고 있었다.

내가 먼저

"어서 오세요."

하고 인사를 건넸다.

"스님, 저는 영산불교청년회 회장이온데 스님께 건의드리러 왔습니다."

"뭡니까?"

"저 백합꽃은 제가 알기로는 기독교 꽃인데, 왜 여기 있어야 하는지 모르겠습니다. 좀 파내었으면 합니다."

그 청년은 어깨에 메고 있던 괭이를 내려 놓으며 다그쳤다.

"제가 직접 파내도 되겠습니까?"

나는 어이가 없어서 정신이 나간 그를 물끄러미 쳐다보
면서

"야, 이 사람아! 백합더러 물어 보게. '나는 기독교 꽃이
니까 너희 불교인들 싫어 한다'고 말하는가!"
하고 쏘아붙였다.

그리고는 그에게 금강경 한 권을 건네 주었다.

꼭 1년 후 백합 향기가 도량에 가득할 때 그 청년은 머
리를 긁적이며 다시 나타났다.

"스님, 백합 향기가 너무 좋네요."

넉넉함

　내가 사는 움막 아래에 노부부가 살고 있다.

　영감님은 꼭 저녁 때면 같이 식사를 하자고 데리러 온다. 여기서 먹는 것이나 거기서 먹는 것이나 김치 하나 놓고 먹기는 마찬가지다. 그렇지만, 여럿이 모여 밥을 먹으면 밥맛이 더 있다. 얼른 저녁 군불을 지펴 놓고 따라 나선다.

　노부부는 글자 한 자 모르는 문맹이다. TV 채널도 맞추기 힘들 정도다. 그러나 그분들은 도회지 사람들의 얼굴에 나타나는 뻔질거림이 없어서 참 좋다. 삶의 모습이 너무도 여유롭다.

　저녁밥을 먹으면서 두 노부부는 소주 한 잔씩 나눈다. 전혀 애태움이 없으며, 생활에 헐떡거림이라고는 찾아 볼 수가 없다.

　"스님, 다 이렇게 사는 거지요. 사는 게 별것이 있겠습니까? 우리 부부는 아직 평생을 살면서 얼굴 붉히면서 입씨름을 해 본 적이 없습니다."

　내가 아는 사람 중에 두 형제가 있었는데 형은 대학을

졸업하고 동생은 형 때문에 초등학교밖에 다니질 못했다. 그런데 그 형의 부부는 가정이 늘 전쟁터였고 동생 부부는 담너머 큰소리 한번 나지를 않았다.

이 시대에는 똑똑한 사람이 참 많다. 차라리 너무 많이 배웠다고 해야 옳다. 비록 그 배움이 많다 하더라도 내면에 숨쉬고 있는 참된 자아(自我)에 흡수되지 않으면 함부로 내두르는 지식의 칼날에 스스로도 다치고 남도 다친다.

나는 오늘 저녁을 얻어먹고 돌아오면서 생각했다.
"배운 사람의 넉넉하고 여유로움과 배우지 아니한 사람의 넉넉하고 여유로움이 어떻게 다를까?"

不守自性隨緣成…
(불수자성수연성) : 자기성품 벗어나 인연따라 이뤄지네.

동성 연애

움막집이었다.

체육복을 걸치고 비승비속 (非僧非俗)으로 살 때다.

머리는 깎지 않아서 밤송이처럼 쭈뼛쭈뼛하고, 얼굴은 세수를 하지 않아서 한참 자란 수염과 함께, 좋게 표현해서, 야성 (野性)에 넘치는 몰골로 앉아 있는데…….

가냘픈 여자 목소리가 문 밖에서 들렸다.

"들어가도 돼요?"

나는 좀 뜸을 들이다가

"맘대로 하시요."

하고 허락했다.

마당에 들어선 사람은 연방 눈웃음을 치면서 몹시 쑥스러워했다. 기골이 장대해서 남자인 것 같은데 자기 두 손을 마주 잡고 몸을 비비 꼬는 짓은 분명 여자였다.

나는 너무 헷갈려서 눈을 비비며 끔뻑거려 보았으나 역시 남자인지 여자인지 구별이 안갔다.

눈을 내리깔고 속눈썹을 움직이며 하는 말도 수상했다.

"아저씨, 너무 박력있게 생겼어요."

'얼굴은 틀림없이 남자 상인데……'

이상한 느낌이 들었다. 손톱과 입술에는 빨간 물감을 잔뜩 발랐다.

나는 참다 못해 고함을 질렀다.

"도대체 남자냐? 여자냐?"

"고함치지 마세요. 무서워요. 제가 주막집에서 술 한잔 사면서 말씀드릴게요."

우리는 무대를 주막집으로 옮겼다. 내 짓궂은 호기심이 발동했다.

"이름이 뭐니?"

"아저씨, 저는 명순이라고 해요. 사실은 저 남자예요. 그런데 역할은 여자예요."

"동성연애 하나?"

"예, 아저씨. 어젯밤에도 남자 친구 만나서 재미있게 즐겼어요. 이 근처에 사는데 아저씨가 혼자 산다는 것을 그 친구가 가르쳐 주었어요."

"몇 살이니?"

"마흔이에요."

"직업은 뭐고?"

"박수 무당이에요. 저 지금 벌써 취했어요. 아저씨 손 잡아 주세요."

하며 가까이 기대어 왔다.

나는 역겨운 생각이 들어 얼른 자리를 옮겨 앉았다.

그는 멈칫하더니 기분 나쁘다는 듯 연거푸 잔을 들이켰다. 혀짜래기 소리를 낼 정도니 취한 것 같았다. 갑자기 일어서더니 아래 위의 옷을 홀랑홀랑 다 벗어 던졌다.

"저는 술이 들어가면 답답해서 견딜 수 없어요. 이해해 주세요."

하고 가렸던 손을 내리는데 그의 성기가 두세 살짜리 꼬마의 그것과 같았다.

잔을 권할 것도 없이 스스로 또 몇 잔 들이켜더니 그의 팔로 내 팔을 낚아채며 나를 끌어안았다.

나는 뒤로 물러나면서, 어디서 그런 못된 기질이 나왔는지, 주먹으로 그대로 그의 콧잔등을 갈겨 버렸다. 별안간 코피가 쏟아져내렸다. 휴지로 응급 처방을 해 놓으니 이제는 또 엉엉 울기 시작했다. 안되겠다는 생각으로 나는 호주머니에 있던 염주를 내보이면서

"나는 스님인데 오늘 일은 미안하다."

하고 사과했다. 그는 당황한 듯 고개를 들고 나의 얼굴을 쳐다보더니

"사실 저는 스님인 줄 몰랐어요."

하고 옷을 주섬주섬 주워 입었다.

짧은 정적이 흘렀다.

내가 그에게 잔을 들게 한 후

"명순이, 정식으로 한 잔 줄게."

하면서 술을 가득 부었다.

조심스럽게 한 잔 쭉 들이켜더니 안주를 집으면서 무슨 설움이 북받치는지 흑흑거리며 울기 시작했다. 그는 신세 타령을 늘어 놓았다.

어릴 때 부모님으로부터 받은 본래 이름이 명순이였다.

일찍 아버님이 돌아가신 후 자기는 홀어머니를 모시고 외롭게 자랐다. 어머니를 따라 시장에 나가서 호떡을 구워서 팔며 그 돈으로 육성회비를 마련하여 초등학교를 다녔다. 천성적으로 여자 아이들과 잘 어울려 남자 아이들한테 놀림감도 되었지만 자기한테는 그것이 그렇게 대수롭지 않았다. 여자 아이들과 소꿉놀이를 하고 고무줄놀이를 하는 것이 즐겁기만 했다. 때로는 어머니가 안계실 때 어머니의 치마를 입고 나가서 논 적도 있었다.

중학교에 진학하니 적응하기가 힘들었다. 행동이 거칠고 입에 욕설이 많은 남학생들과는 도저히 생리가 맞지 않아서 학교를 결석하는 날이 많게 되었다. 그러다가 결국 퇴학을 당했는데, 그 무렵부터 몸이 시름시름 아파왔다.

신을 받지 않으면 죽는다는 소리를 듣고 결국 무당이 된 것이다. 무당이 된 뒤 스물세 살 때 결혼을 하였으나 첫날밤 여자는 도망가고 말았다.

혼자 아픔을 삭이며 지내던 어느 날, 극장 구경을 갔는데 거기서 한 동성 연애자로부터 희롱을 당했다. 그 뒤로 명순이는 외로운 시간을 달래기 위해 동성 연애자들이 모인다는 그 극장에 자주 들락거리게 되었다.

그런 생활이 자신은 별 불편이 없었지만, 어머니를 비롯한 주위 사람들의 시선은 곱지 않았다.

명순이는 자기의 성격이나 신체 구조로 보아서 여자로 태어나려다가 중간에 어떻게 잘못된 것 같다는 표현을 했다.

스스로 택한 길이 아니라 이미 택해진 길이기에 너무 억울하고 힘들다는 것이다. 전생(前生)의 업장(業障)이 아니고는 있을 수도 없는 일이지만, 그 업장의 무게가 너무 무거워 견딜 수가 없다는 것이다.

차라리 돈이라도 많으면 태국을 다녀오고 싶다고 했다. 거기서 성전환 수술을 받고 당당하게 여자로서 행세하며 단란한 가정을 꾸며 보고 싶다고 하소연했다.

자기 같은 동성 연애자들은 불건전하고, 이성 연애자들은 건전하다는 논리도 결국은 사회 통념이 아니냐고 반박했다. 동성 연애자도 독특한 개인의 인격체로서 얼마든지 다른 사람들과 동등한 대우를 받을 권리가 있으므로 사회적인 배려가 필요하다고 역설했다.

세상의 어느 누구도, 자신들과 같은 신체 구조와 자기들과 같은 성격을 갖고 태어났을 때 동성 연애를 하지 않을 수 있겠느냐는 의미있는 질문을 던졌다.

자기들의 의지가 아닌, 적어도 겉으로 보기에는, 그 과거의 알 수 없는 힘 때문에 이런 윤회의 업보(業報)를 받는다면 같은 시·공간을 살아가는 우리들이 우리들의 잣대로 그들을 평가한다는 것이 얼마나 이기적인 것일까?
조금은 깊게 생각해 보아야 할 일이다.

一中一切多中一…
(일중일체다중일) : 하나 속에 여럿 있고 여럿 속에 하나 있어

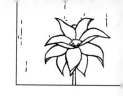

자기 업

물통에 받아 놓은 물이 꽁꽁 얼었다. 장작개비로 퉁퉁 두드렸더니 얼음 반 물 반이다.

쌀을 씻으려니 손이 끊어질 듯 시렸다. 입으로 '호—' 녹여 몇 번 문지르고 또 입으로 '호—' 녹여 몇 번 문질렀다.

'먹지 않고 살 수는 없을까?'

'알약처럼 간단하게 먹고 살 수는 없을까?'

이 고민을 마을 아주머니들한테 하였더니

"스님, 우리를 굶겨 죽일 일이 있습니까!"

하고 대들었다.

농사일을 하느라 새까맣게 탄 시골 아주머니들.

그래도 그 일이 좋단다.

영감님의 신심

 몇 번의 인연이 있었던 선방(禪房) 도반 스님을 찾아갔다.

 그날따라 눈이 작설하였다.

 눈길을 헤치며 미끄러지고 자빠지면서 수십 리 벼랑길을 타고 올랐다. 무릎이 찢기고 깨어졌다. 겨우 도착하고 보니 있어야 할 토굴(土窟:혼자 기거하는 작은 움막)은 없어지고 그 흔적만 눈 속에 묻혀 있었다.

 눈을 헤쳐 보니 아무것도 없었다. 스님이 장난 삼아 쓴, 찢어진 붓글씨 조각만이 발길에 채였다.

 '이거 참 기가 막히는구나.'

 나는 다른 길을 따라, 그 스님이 평소 말하던, 그곳에서 그리 멀지 않은 시골 노인네를 찾아갔다.

 밤이 깊은 시간에 반거지 행색의 나를 보더니 노인은 눈시울을 붉히면서 내 손을 잡았다.

 "스님, 참 안됐습니다. 스님께서는 이곳에서 잘 드시지도 못하고, 여름 장마 끝에 병을 얻어 그만……."

"……."

"……."

"토굴은 왜 그렇게 됐습니까?"

"스님께서 가신 지 얼마 되지 않아서 억수같이 퍼붓는 장마가 시작됐지요. 그 스님 계신듯이 비옷을 입고 올라갔더니 이미 토굴에 비가 새기 시작하더군요. 속수무책이었습니다. 금방 지붕이 내려앉더군요.

스님은 토굴을 가지고 가신 것 같습니다. 이생에도 그러셨으니 아마 다음 생에도 스님이 되셔서 또 그렇게 정진(精進)하실 모양입니다."

일흔이 넘으신 노인의 깊게 패인 주름진 얼굴에, 형광등 불빛을 타고, 안타까움의 눈물이 그 주름 계곡을 따라 거침없이 흘러내렸다.

"혹시 전부터 잘 알던 스님이었습니까?"

"아니요, 스님이 한 번 지나치면서 토굴을 짓고 싶다고 하시길래 집터를 드렸지요. 인연이다 싶은 생각으로……. 그 스님, 토굴 짓느라고 고생 많이 하셨습니다. 스님, 보여 드릴 게 있습니다."

한참 후 장롱에서 염주 하나를 꺼내면서

"토굴이 무너지던 날 그곳에서 주웠지요. 그날 저는 가슴이 미어지는 아픔에 밥도 먹지 못했습니다. 이 염주는 스님이 가지시는 것이……."

하며 나에게 건네려 했다.

"아닙니다 영감님. 이건 영감님께 드리는 저의 도반 스님의 마지막 선물입니다. 장롱에 두시지 말고 기도하실 때 쓰세요."

노인은 머뭇머뭇하면서 그 염주를 두 손바닥 사이에 넣고 가만히 감싸 쥐었다.

노인은 울먹였다.

"스님, 제가 스님을 화장하여 그 재를 이 산천에 뿌렸습니다."

나는 얼른 화제를 바꾸었다.

"영감님, 눈 맞은 소나무가 참 힘있어 보입니다. 그리고 얼음장 밑으로 흐르는 물소리도 보통이 아니군요."

노인은 내 눈을 뚫어지게 바라보다가 확신이나 한 듯

"스님, 우리 스님 좋은 데 가셨다는 말씀인가요?"

하고 조심스레 물었다. 나는 대답했다.

"영감님! 영감님도 큰 공덕(功德) 쌓으셨습니다."

새까만 콧구멍

서서 죽은 나무는 땅 속의 수분을 그대로 흡수하고 있어서 땔감으로 하기에는 여러 가지로 부적합하다. 도끼로 장작을 패면 물에 팅팅 불어 있어서 잘 쪼개지지도 않을 뿐더러, 불땀도 없으면서 연기는 얼마나 내뿜는지 모른다.

자욱한 연기 속에서 콜록거리며 불을 때는데 아랫집 할머니가 어린 손자를 데리고 놀러왔다.

할머니가 부엌에서 나오는 내 모습을 보고

"스님, 콧구멍이 왜 그렇게 새까맣습니까?"

하자, 손자 녀석이

"할머니는 그것도 몰라. 스님이 연기 마시며 불 때서 그렇지."

하고 나를 대변했다.

연기 마시며 불을 때었을 때 콧구멍이 새까맣게 된다는 사실을, 그 손자 녀석은 나를 보지 않고도 알았을까? 나를 보고 경험적으로 알았을까?

별 라면

라면을 하나 삶고 있는데, 지나가던 보살이 들어와서는
이유없이 자꾸 투덜거렸다. 내가

"혹시 어디 편찮으십니까?"

하고 물었더니 보살이 대답했다.

"마음이 편찮아서요."

나는 정색을 하고 퉁명스럽게 쏘아붙이듯이 물었다.

"보살, 무엇 때문에 그러시요?"

"스님이 라면을 드셔서 되겠습니까? 라면 스프에 소고
기 들었어요. 그것 소고기 라면 맞지요?"

나는 얼른 라면 봉지를 찾아 들었다.

"보살, 이거 된장 라면입니다. 한번 보세요."

보살이 라면 봉지를 한참 보더니,

"라면도 별 라면이 다 나왔네."

하고는 슬그머니 자리를 떠버렸다.

그 철에는 반찬 만들기가 귀찮아서 라면만 먹었다. 그랬
더니 한동안 라면이 꼴도 보기 싫어졌다.

연화도

　하얀 집들이 파란 바다와 너무 잘 어울리는 남해의 작은 섬 연화도(蓮花島).

　섬 이름 연꽃처럼, 아름다운 사람들이 옹기종기 모여사는 연화도 산꼭대기에 작은 토굴 하나가 있다.

　얼마간 걸망을 내려 놓고 머무를 기회가 있었다.

　토굴은 하늘의 별과 가장 가까이 위치한 토담집이다. 30분은 걸어야 오를 수 있는 꽤 먼 거리이지만 공기가 맑아서 꼭 눈 앞에 있는 듯, 바다 위의 조각배가 정감스럽다.

　막 도착했을 때 토굴은 한참이나 빈 채 주인을 기다리고 있었다. 우선 불을 지피고 있는데 연기를 보고 찾아온 이웃사람들이 말동무가 되어 주었다. 한 아주머니가 말하였다.

　"스님, 여기 너머 새로 지은 절이 하나 있었는데, 지난 태풍 때 바람에 날아갔습니다."

　눈이 부리부리한 사람이 말했다.

　"업자들이 날림공사를 했답니다. 말은 불자(佛子)라고 하면서도 전부 장삿속이었습니다. 사업하는 사람 치고 반

사기꾼 아닌 사람 없는 것 같습니다. 동네 사람들이 참 안타까워 하고 섭섭해 했습니다. 스님도 참 좋은 스님이셨는데……. 스님이 순하다고 속인 거지요."

또 다른 어른이 말했다.

"마침 허가 문제로 스님이 안계셨을 때 일을 당했지요. 섬사람들이 모두 눈물을 흘렸습니다."

맨 끝에 일흔이 다 되어 보이는 노보살님이, 머리는 백발이었지만, 또렷또렷한 목소리로 말씀하셨다.

"스님, 저는 그때 다른 것은 걱정이 안되고 스님 보시던 책이 제일 걱정이었습니다. 비를 맞으며 온통 흙으로 뒤범벅이 된 책을 찾아냈습니다. '이 얼마나 아까운 책인고. 돈도 돈이지만 높은 분의 말씀이 담긴 책일 텐데……' 하고 속으로 생각하고는 물로 흙을 씻어 내고 그 책을 우리집 마루에 널어 말렸습니다. 그랬더니 그날 밤 꿈에 너무너무 기분 좋은 일이 일어났습니다. 맑디맑은 물이 부엌에 잔잔하였는데 큰 거북이 두 마리가 거기서 놀고 있었습니다."

신바람이 난 노보살을 쳐다보며 내가 말하였다.

"그것 참 좋은 꿈입니다. 원래 성현의 말씀이 적힌 경책엔 불가사의한 힘이 들어 있습니다. 보살님의 신심이 가족 하나의 생명은 구해낼 것입니다."

보살은 이 말이 반가운 듯

"스님, 안그래도 우리 영감이 얼마 전에 열하루 동안 물 한방울 먹지 못하고 병원에 계셨는데 다들 돌아가실 줄 알

고 얼마나 울었는지 모릅니다. 그런데 기적적으로 살아나
서 지금 아주 건강하시답니다."

하고 손으로 옆에 섰던 영감을 툭 치며

"이 양반입니다."

하였다.

금방 섬사람이 된 나는 그들의 갸륵한 불심(佛心)이 너
무 고마워 그날 밤 곡차 한 되를 받아 놓고 그분들과 잔을
돌리며 시간 가는 줄 몰랐다.

이튿날, 그 노보살님은 책 한 포대를 토굴로 이고 오셨
는데 살펴보니 모두가 주옥 같은 말씀이 담긴 부처님 경전
이었다.

흙물에 젖어 얼룩이 진 데도 더러 있었지만, 읽는 데는
큰 지장이 없어 보였다.

"보살님, 너무 좋은 책들입니다."

이 말 한마디에 보살님은 너무너무 좋아하셨다.

연화도는 그 뒤로 나에게는 그리움의 섬이 되었다.

세상의 낙

날씨가 하루가 다르게 따뜻해지더니 산골짜기에 조금씩 남아 있던 눈도 다 녹아내렸다.

'동네 아주머니들이 나물캐러 올 때가 되었구나' 하고 생각하니 갑자기 사람들이 그리워졌다.

혼자 있는 것이 버릇이 되어서 왁자지껄 떠들어 대는 것을 좋아하지는 않지만 때로는 누군가와 얘기하고 싶어진다. 하루종일 지나도 말할 상대가 없다가 저녁 때 산까치라도 앞 나무에 앉노라면 말을 붙여 본다.

"야, 산까치야. 너희는 둘이라서 심심하지는 않겠다. 추운데 밥은 먹고 다니나?"

그러면 산까치는 "까악 까악" 하고 몇 마디 대답을 하지만 더 이상은 귀찮은 듯 입을 닫아 버린다.

때로는 혼자라는 것이 무척 고독감을 준다. 그렇지만 '인간은 철저히 고독해 보지 않고는 인생을 말할 자격이 없다'는 나의 철학이 이 생활과 잘 맞아 떨어져서 좋다.

세상에 그 잘난 사람들은 고독이라는 과정을 거쳐 우뚝

서기 마련이다. 그것이 세간(世間)이든 출세간(出世間)이든 간에. 그러므로 나는 늘 만나는 세상 사람에게 고독을 비관하지 말라고 조언한다. 사실 고독해 있는 동안 우리는 성큼 성장하는 것이다.

토굴 생활은 그저 단순하다.

아침에 일어나 부엌 아궁이에 군불을 지피고 계곡까지 내려가 물을 길러온다. 그리고 꽁꽁 언 김치를 꺼내어 마지못해 밥을 한 술 뜬다. 그리고 목도리를 목에 칭칭 감고 산을 한 바퀴 돈다. 날이 좀 풀리는 오후 나절에는 지게를 지고 뒷산에 올라 나무를 한 짐 해온다. 그리고 장작을 팬다. 그러다 보면 또 하루 해가 그럭저럭 저문다. 또 군불을 지피고 미숫가루 한 사발 타서 저녁 식사를 한다. 간간이 짬을 내어 방석 위에 앉아 참선(參禪:깨닫기 위한 수행의 한 방법)을 해본다.

매일 똑같은 이 생활이 때로는 따분하기도 하여 사람들이 기다려지기도 하는 것이다.

눈길이 완전히 트이고 아주머니들이 토굴까지 올라왔다. 시커멓게 하고 있는 내 꼴이 신기한 듯

"스님, 겨울 동안 뭘 하고 지내셨어요?"

하고 한 아주머니가 말을 건넸다.

"그냥, 밥먹고 똥싸고 그랬지요, 뭐."

하고 대수롭잖게 대답했다.

"스님, 도(道)가 터졌나요?"

"그래요. 눈길(道)이 터졌길래 아주머니들이 여기까지 올라왔지요."

알아듣는지 못 알아듣는지 이 말에는 대답이 없고 또 다른 아주머니가 물어 왔다.

"스님, 이런 데 계시면 아무 낙도 없을 것 같애요. 무슨 낙이 있어요?"

"무슨 말씀! 목마르면 계곡에 가서 물 한 모금 먹고, 방 차가우면 부엌 아궁이에 불 때서 몸 녹이고, 저녁 되어 잠 오면 자고 그게 다 낙이지요, 뭐. 세상에 별 낙이 있겠습니까?"

한 아주머니가 말을 보탰다.

"스님, 수염이나 좀 깎지요."

"아 참, 또 낙이 있지요. 수염 안깎아도 되고, 세수 안해도 되고, 빨래 안해도 되고……."

얼마간의 시간이 지난 후 보살들은 하산하면서

"스님, 저희들 내려갈게요. 나중에 다른 사람한테 우리 여기까지 올라왔다고 말하지 마세요."

하고 부탁했다. 나도 부탁했다.

"아주머니들이나 내려가거들랑 입조심 하십시오. 총각 스님 만나서 얘기하고 놀았다고 자랑하면 속좁은 남자들 입이 한 발이나 튀어나올 테니까요. 나 여기서 좀더 살고 싶으니 도와 주시오!"

3장

마음이 한결 같으면
온 세상이 자기 것일세

가르침

　서울 하늘 아래 우물가.

　보기 드문 개구리 한 마리가 팔짝팔짝 뛰고 있었다. 나는 무심결에 "아, 깨구리" 하고 말했다. 깨구리는 개구리의 경상도 발음이다.

　나하고 놀던 네 살짜리 연지가 내 입을 빤히 쳐다보더니
　"개구리예요."
라고 또박또박 말했다. 나는 재미가 있어서 '깨구리'라고 우겼다.

　"깨구리다."

　"개구리예요."

　"깨구리다."

　"개구리예요."

　"깨구리!"

　"개구리!"

　"깨구리!!"

　"개구리!!"

"개구리!!!"
"개구리!!!"

10분 정도나 말싸움을 했다. 나중에는 연지가 얼마나 답답한지 "와~ 앙" 하고 울어 버렸다. 울면서도 "개구리" 했다.

나를 '개구리'라고 가르친다한들 자기한테는 아무 소득 없는 일을 왜 그토록 애를 쓰면서…….

나는 고집스런 연지의 모습에서 부처님의 상호(相好:얼굴)를 보았다.

바른 눈을 뜨게 하시려고 그토록 애를 태우셨던 분,

부처님.

팔만 사천 법문!

팔만 대장경!

　　一卽一切多卽一…
　　(일즉일체다즉일) : 하나가 모두이고 모두가 하나이네.

복

　사람이 죽으면 출상(出喪) 전까지 스님들이나 신도들이 나가서 염불을 하는데, 이를 시다림이라 한다.

　만일 절에서 누가 가지 못하면 가족들이 아미타경이나 금강경을 펴놓고 독경을 해드리면 된다.

　막 임종한 영가는 스스로 당황스럽기도 하거니와 불안할 것이므로 시다림 기도가 중요하다.

　관음사 다니는 신도는 아니지만 꼭 와 주기를 바라는 상가집이 있었다. 강의와 기도로 바쁜 가운데 겨우 시간을 내서 쫓아갔는데 염불이 힘들어서 너무 고통스러웠다.

　첫날 시다림을 마치고 분위기를 보니 유족들이 크게 슬퍼하는 기색이 없었다. 나는 속으로 '애 많이 먹인 사람은 죽어서도 대접받지 못하는구나' 하고 생각했다. 이튿날 입관(入棺)을 하는데 관이 시신에 맞지 않았다. 가장 좋은 오동나무 관이었는데 조금 작게 맞추어진 것이다. 할 수 없이 시신에 맞는 헐값의 관으로 교체했다. 이상하게도 새로 온 관도 맞지 않았다. 할 수 없이 시신을 억지로 밀어넣었다. 뚜껑이 결국은 닫히지 않아서 반쯤 열린 상태로 끈을 묶었다.

"관은 바로 옷인데 이렇게 해서 어떻게 합니까?"

하고 부인이 소리를 질렀지만 장의사도 어쩔 수 없었다. 불길한 예감이 들었다.

'이미 죽은 사람과 그 관이 무슨 관련이 있겠는가' 하고 지나쳐 버릴 수도 있지만 세상 일은 그렇지 않다. 무한대의 시간과 무한대의 공간 속에 펼쳐지는 그 모든 일들은 한치의 오차도 없이 질서의 법칙 아래 움직이는 것이다.

물러나서 다른 사람한테 얘기를 들었지만, 돌아가신 영가는 부모님께도 불효했지만, 이웃 사람들한테도 많은 인심을 잃고 있었다.

나는 '49재라도 좀 정성껏 지내야 할 영가구나' 하고 생각을 하고 삼우제 (三虞祭)를 모신 뒤에 바로 절에 오시기를 부탁했고, 그렇게 약속이 되었다.

첫 재를 지내려고 절에서는 음식을 잔뜩 준비해서 상 위에 차렸다. 그런데 막상 상주들이 나타나질 않았다. 어안이 벙벙하였다.

그 집에 연락을 취해 보니 고인의 부인이 전화를 받았다.

"스님, 절이 시내라서 우리 그 양반이 좋게 생각 안할 것 같아서 그만……"

복이 주어져도 수용할 그릇이 못 되면 받지를 못하는 법이다.

작은 기독교인

영남불교대학·관음사는 어린이 한문 교실의 열기가 대단하다.

나는 어린이들에게 동기 유발을 위해서 답을 맞게 말하는 어린이에게는 상점(賞點)을, 답을 틀리게 말하는 어린이에게는 벌점(罰點)을 주었다.

한 여자 어린이에게 벌점이 주어졌다.

흑판에 글을 쓰고 막 돌아서는데, 조금 전까지만 해도 보이지 않던 십자가가 그의 목에 걸렸다.

큰 눈에는 눈물이 글썽글썽하였다.

나는 조금 후 곧 상점을 주어 그의 기분을 풀어 주었다.

흑판에 글을 쓰고 돌아서니 금방 십자가는 옷 속으로 숨겨졌다.

욕쟁이 남매

친분 관계가 있는 변호사를 만났더니 비행 청소년 문제가 보통이 아니라고 걱정했다. 그런 사건이 많다고 했다.

나는 그 문제를 근본적으로 해결하려면 가정 교육의 재점검이 필요하리라 본다.

얼마 전 어린이 법회 도중이었다.

괴성을 지르며 마구 큰 소리로 소란을 피우는 남자 어린이가 있었다. 나는 더욱 법회 분위기를 흐릴까 봐 "너 왜그러니"하고 야단을 쳤더니, "이 시발, 이 시발"하고 막무가내로 덤벼들었다.

교사들한테 법당 밖으로 데리고 나가도록 했다.

그는 교사들의 손목에 이끌려 나가면서 아이들이 할 수 없는 갖은 욕설을 했다.

"시발년, 시발놈……. 중이 산에 가서 도나 닦지……."

차마 다 말할 수 없다.

초등학교 3학년이었고 이름은 김수환이었다. 법회에 나

온 지 얼마 되지 않은 어린이였다.

법회 직전에 여학생들이 몰려와서 "시발년들"하면서 욕을 하는 깡패가 있다길래 누군가 했더니 수환이였다.

혹시 정신이상자인가 알아보니 그것도 아니었다.

그의 누나도 함께 있었는데 중학교 1학년이었다. 누나는 동생을 데리고 집으로 가다가 절에 전화를 해서 사무원 아가씨한테 "이 가시나야, 니는 뭐고……"하면서 다짜고짜 욕설을 퍼부었다.

두 오누이는 용감했다.

한 번도 본 적 없는 그들의 어머니 모습, 그들의 아버지 모습이 선했다. 그리고 그 가정의 미래가 영상처럼 스쳤다.

망할 가정은 망할 자식을 두었기 때문이다. 망할 국가는 망할 청소년을 두었기 때문이다.

우리들이 우리들의 자식, 우리들의 청소년을 어떻게 키우든가 그것은 자유이지만, 거기에 돌아오는 결과 즉, 인과응보(因果應報)는 우리들 자신이 다 뒤집어 써야 한다.

핑 계

어린이 법회가 열리는 일요일은 날씨가 신경 쓰인다. 생각을 그렇게 해서 그런지 꼭 일요일만 되면 비가 오는 것 같다.

새벽 예불 끝에 살풋 잠이 들었는데 도로를 달리는 차바퀴 소리가 칙칙하였다. 꿈 같기도 하고.

"일요일인데 또 비가 오나."

그때 누가 문을 두드리는 소리가 들렸다. 벌써 아이들이 오나 보다 하고 얼른 일어나 뛰어 나갔다.

한 남자 아이가 계단을 올라오고 있었다.

문 두드리는 소리는 환청이었다. 시계를 보니 7시 40분이었다. 9시 30분 법회니까 2시간이나 일찍 온 것이다.

"추운데 집에서 놀지 않고, 비도 오는데…"
하며 그의 머리를 쓰다듬었다.

감은 머리의 물기가 아직 마르지 않아 축축하면서 조금 언 듯했다. 안쓰러웠다.

그런데 그의 대답이 멋있었다.

"스님, 춥고 비가 와도 밥은 먹잖아요."

이름이 박상필이란 아이였다.

어른들은 비가 오면 비를 핑계 대고, 눈이 오면 눈을 핑계 대지만, 그리고 맑은 날은 노느라고 맑은 날을 핑계 대지만, 어린이들은 핑계가 없어서 좋다.

이날 어린이 법회는 평상시와 다름없이 120명 정도 나왔다.

관 심

어린이 법회에 작고 깜찍한 소녀 '하나' 가 있다.
동그란 안경이 예쁘다.
초등학교 3학년이다.
가끔씩 그림 엽서를 갖다 준다.
크리스마스 기념으로 또 한 장의 그림 엽서를 갖고 왔다.
답례로 한 번 '꼬~옥' 안아 주었다.
소녀는 귀엣말로 속삭였다.
"스님, 사랑해요."
그 말이 싫지 않았다.

TV는 직접

토굴에 참선하러 간다니까 동네 보살님 한 분이 초등학교 1학년 딸과 함께 전송 인사차 왔다.

"스님, 스님이 참선하면 저도 덕 좀 보겠습니까?"

나는 달리 할 말이 없어 시큰둥하게

"글쎄요."

하고 말해 버렸다. 어머니의 손을 잡고 있던 어린 딸이 어머니 얼굴을 올려다보면서 핀잔을 준다.

"엄마가 텔레비전 보고 싶을 때, 엄마가 안보고 스님이 보면 엄마가 본 게 돼요?"

심각한 표정으로 말하는 그 야무진 얼굴이며 말의 내용이 너무 재미있어 나는 웃으면서 말했다.

"보살님, 직접 텔레비전을 보세요. 아주 가까이에 훌륭한 인생 교사를 두셨습니다."

술꾼 스님

49재를 지내고 나면 먹을 것이 풍성하다. 낮에 재를 지낸 걸 알고 동네 아주머니들 대여섯이 모였다.

모기를 쫓으려고 마당 한가운데에 보리 타작을 하고 남은 찌꺼기로 불을 피웠다.

시골에서는 흔히 있는 캠프파이어다.

찌그덕거리는 평상을 들고 와서 그 불 옆에 놓고는 모두 그 위에 올라앉았다. 공양주 보살이 얼른 큰 수박 한 통을 꺼내와 듬성듬성 썰면서

"내가 좋은 놈으로 하나 놔뒀지."

하고 생색을 내었다.

"야, 오늘 49재 지낸 영감은 살아서도 복 많더니 죽어서도 좋은 데 갔는가 보다. 이 수박 봐라…."

"그래, 올해 같은 장마에 수박이 어째 이리 잘 익었노."

"그 영감쟁이, 재물 복있어 외국이라는 데는 다 다니고 할망구 죽자 젊은 색시 얻어서 재미있게 살았재…"

"그래, 그 영감 덕에 우리도 맛있는 수박 먹고…"

수박을 먹으면서도 자기들끼리 덕담 아닌 덕담으로 수다를 떨다가 나를 보자 미안했던지

"스님, 스님도 맛있지요?"

하고 말을 붙였다. 나는

"야, 정말 맛있다!"

라며 맞장구를 쳐주었다.

수박 한 통이 마파람에 게눈 감추듯 없어졌다.

반장댁 뚱보 아주머니가 마지막 수박 한 조각을 집어들고는,

"어제 장에 갔더니 웬 스님이 술에 취해 주인하고 싸우는데 나도 불자로서 정말 창피스럽더라. 술이 무슨 나쁜기가. 점잖게 마시면 얼마나 멋있겠노, 나는 스님들도 한 잔씩 하시는 게 참 좋다고 생각한다. 스님들이 그것도 없으면 무슨 낙이 있겠노! 스님, 다 좋은데 스님이 술 먹고 행패부리는 건 어제 처음 봤심더. 정말 웃기대요."

라며 신이 나서 목소리를 높였다. 나는 곧바로 화답했다.

"뚱보 보살님, 그런 사람 처음 봤으니 그나마 다행이요. 한 번밖에 못 봤으니 운좋은 겁니다."

나의 이 말에 모였던 아주머니들이 평상이 흔들리도록 깔깔거리며 배를 잡고 웃었다.

갑자기 평상의 다리가 삐거덕 하더니 넘어가기 시작했다.

"어머머, 이거 와 이라노!"
아주머니들이 온통 아우성을 쳤다.
뚱보 아주머니가 쥐고 있던 수박을 놓치면서
"아이구, 내 수박! 우리 아들 줄 낀데…."

一微塵中舍十方…
(일미진중함시방) : 한 티끌 가운데에 시방세계 담겨있고

구시화문

낯설은 신도가 보이길래
"보살님, 오늘 처음 왔지요?"
하였더니, 그 신도는
"스님은! 1년 되었어요. 저한테는 그렇게 관심도 없으시고……."
하며 못내 섭섭해 했다. 그런데 그 신도는 그 다음부터 진짜 나타나지 않았다.

그 다음달, 또 다른 낯선 신도가 보이길래 저번 일은 까마득히 잊어버리고,
"보살님, 오늘 처음 오셨지요?"
이 신도는
"스님, 1년 반이나 되었어요. 저한테는 눈길 한번 주시지 않고, 이제 안나올 겁니다."
이번에도 실수했구나 하였는데 이 신도도 그 다음부터는 눈에 띄지 않았다.

구시화문(口是禍門)!

이놈의 입이 가만있지를 못하고 달싹거리다가 화를 자초한 것이다. 괜히 상대방 기분만 상하게 하고.

사실 많은 사람이 들락날락하다 보니 얼굴조차 기억하기도 힘든다.

나의 이 성격과 말투를 아는 신도가 말수를 줄이라고 조언해 주었다. 그냥 "오셨어요" 하면 된다는 것이다.

'맞다. 간단하게 말하면 될 일을……'

가 을

중학교 2학년 민정이와 산책을 나갔다.

막 서녘 산에 걸쳐진 불그스레한 태양이 황홀한 저녁놀을 연출해 내고 있었다. 마침 서늘한 바람이 품에 안기면서 가을 냄새를 물씬 풍겼다. 탄성이 절로 나왔다.

"아— 가을이구나!"

내 손을 잡고 같이 걷던 민정이가

"스님, 가을 어디 있어요?"

하고 그럴듯한 어리광을 부렸다. 초등학교 1학년 그 조그맣던 어린애가 이제는 제법 이마에 예쁜 여드름이 돋을 만큼 반 숙녀가 된 것이다. 마음도 몸도.

"민정아, 너의 젊음은 이 예쁜 여드름 속에 다 들어 있구나."

하고 마주 보며 손가락 끝으로 여드름을 문질러 주었다. 동문서답을 한 것이다. 그랬더니 민정이는 쑥스럽다는 듯 얼굴을 돌리면서 막 떨어져 내리는 갈참나무 잎을 하나 얼른 주워 들고

"스님, 가을은 이 낙엽 속에 다 들었네요."
하고 내 얼굴에 들이대었다.

가을은 서늘한 바람이 있어서 좋고, 떨어져 내리는 낙엽
이 있어서 좋다.

그리고 뜻이 통하는 소녀가 있으니 정겨워서 더욱 좋다.

마하반야바라밀

속가를 지나칠 일이 있어서 마음을 먹고 집에 들렀다.

부모님들은 나를 보자마자 반가운 맘은 뒷전이고 걱정 거리부터 말씀하셨다.

"스님아, 큰 걱정이 하나 있다. 스님만이 해결할 수 있을 것 같아서 안그래도 무척 기다렸다."

"무슨 일인데 그러십니까?"

"그동안 니 밑에 동생이 장가를 갔다. 한 3년 되어 가는 데 아이가 없어서 큰 걱정이란다. 아예 아이를 만들지 못 한단다. 이 일을 어쩌면 좋으노?"

"무슨 약이라도 써 보셨습니까?"

"그래, 별 좋다는 약은 다 써 보았다. 개소주도 해먹이고 뱀탕도 해먹였지만 효험이 없었어. 후휴……."

"그러면 굿도 하셨겠네요?"

"그래, 어째 알았노? 굿도 몇 번이나 했는지 모른다. 그 래도 안되니까 니 동생들은 할배 할매 묘가 잘못됐다고 야 단들이었지만 차마 조상 묘는 못 건드렸다. 그거는 그렇고, 스님도 인제 그만큼 산에서 도를 닦았으니 우리 중생들 좀 구제해야지. 어디 부적 하나 써줄래? 점쟁이들이 그러는데 아들 스님은 지금 벌써 큰 법력(法力)을 가진 큰스님이 되셨으니 어쨌든지 스님 만나면 부적 써달라고 매달리라 그러더라. 스님이 써 주는 것은 잡귀도 없고……."

"죄송하지만, 정통으로 공부하는 스님들은 부적 같은 것은 쓰지 않습니다. 제가 기도나 해드리겠습니다."

부모님들은 더욱 애절하게 사정을 하셨다.

"스님아, 그래도 그렇지 않다. 남도 아니고 니 동생인데……. 니 대신에 대를 이어야 안되겠나. 인제 스님은 포기했고, 니 동생이 아이만 낳으면 걱정이 없겠는데……. 꼭 한 장 써주고 가거라…."

"동생댁은 어떻게 안가고 같이 삽니까?"

"그래, 그것이 참 기특하제. 그 어린 것이 그래도 지 남편 병신 취급 안하고 온갖 정성을 다하니 우리가 얼마나 고마운지 모른다. 우리한테도 참 잘한데이. 우리 착한 며느리를 봐서라도 꼭 한 장 써주고 가거라……."

완전히 생떼를 쓰셨다. 다섯 시간 시소 게임 끝에 안되겠다 싶어 나는 갖고 다니던 사경용(寫經用) 경면주사(빨간 종류의 흙)를 꺼내서 정성껏 일곱 글자를 적어 드렸다.

'摩訶般若波羅蜜'(마하반야바라밀)

"이것은 부적이 아니라 다라니라는 겁니다. 동생 주세요."

부모님들은 어쩔 줄을 몰라하시면서 다라니를 손에 받쳐들고는 몇 번이고 합장을 하셨다. 나는 속으로 이 정도 정성이면 가능하다는 예감을 얻었다.

"그래, 스님아 인제 됐다."

어쨌든 기분은 홀가분하였다.

그로부터 10개월이 되었는데 머무르던 처소로 연락이 왔다. 어머니였다.

"스님아, 니 동생이 아이를 낳았다. 아들이란다. 내가 달수를 세어 보니 스님이 다라니 써준 그 달에 아이가 들어섰더라. 스님, 참 영험 있구나. 이름도 꼭 스님이 지어 주래이…."

"제가 기도는 했지만 우연입니다."

어머님은 머뭇거림도 없이 말씀하셨다.

"세상에 우연이 어디 있노. 다 공은 닦은 데로 간다고. 스님을 완전히 믿었지. 아무튼 니가 애 많이 썼다. 고맙구나!"

그 후 동생은 얼마 있다가 또 딸 하나를 낳았다.

동생과 그의 아내가 한번 찾아왔었는데 부부가 나를 부처님 대하듯 하였다. 소문이 어떻게 났는지 동네사람들은 다들 나를 한번 만나기를 소원한다고 했다.

'마하반야바라밀'

이 소문은 외가에까지 퍼졌다.

한번은 외갓집에서 외할머니랑 외삼촌, 외숙모, 외사촌 내외, 이모 등 한 봉고차 가득 단체로 내가 거처하는 곳까지 오셨다.

아버지 계통의 혈족과 어머니 계통의 혈족이 크게 다른 점이 있다면, 아버지 계통의 혈족의 정이 더 끈끈하다는 것이다. 그 한 예로 막 출가했을 당시에 아버지 쪽의 친족은 수없이 찾아와서 집에 가자고 졸라댔지만, 어머니 쪽의 친족은 한 번도 그러질 않았었다.

그런데 무슨 일로 이렇게 한꺼번에 단체로 오셨는가?

결론은 역시였다. 당신들이 답답해서 찾아온 것이다.

외숙모가 한쪽 조용한 곳으로 나를 부르더니

"스님과 의사는 자기 답답하면 찾아가는 것 아닌가. 뭐 좀 물어보러 왔다. 혹시 우리 큰며느리 아이 더 없는가 봐 줄래?"

하고 엉뚱한 소리를 하였다. 나는 정중하게 거절했다.

"절은 봐주는 데가 아닙니다. 철학관에 가서 알아보시지요."

"아니다. 철학관에도 가 보았고, 별짓을 다 안해봤나. 그래도 안되어서 왔다. 스님이 신통하다고 니 엄마가 그러더라. 저기 큰며느리가 첫딸을 낳고 7년이 넘도록 아예 애가 들어서지 않는단다. 딸도 좋으니 제발 하나만 더 낳았으면 좋겠는데. 그게 우리 집안 전체의 소원이다……"

내가 눈치를 보면서 물었다.

"작은며느리는 아들을 낳았겠네요?"

"그래, 작은며느리가 아들을 낳아 놓으니 저기 큰며느리가 샘을 내서 난리란다. 우리가 못 살겠다. 어떻게 불쌍한 사람들 좀 살려 주지…."

나는 "기도나 좀 하시지요" 하고 일어서려는데 내 손목을 잡고 통사정을 하였다.

"스님아, 그래 기도는 할 테니까 부적 한 장만 부탁한다. 내 너거 엄마한테 얘기 들어서 잘 알고 있다."

"참 그거 별거 아닙니다. 신묘장구대다라니 기도나 좀 하십시오. 굿 같은 것 하지 말고……."

"안그래도 굿해서 버린 돈 말도 못한다. 다 소용없더라. 염치불구하고 스님을 찾아올 때는 얼마나 답답했겠노."

이번에도 나는 더 이상 버티기가 힘들겠다는 판단을 내렸다. 경면주사로 또 그전처럼 또박또박 '마하반야바라밀'을 써내려 갔다.

'摩訶般若波羅蜜'

외숙모는 이 한 장의 경문(經文)을 받아들고 눈물을 흘리면서 기뻐하였다.

어느덧 1년 세월이 지나갔다. 나는 이 사실들도 잊어버린 채 무심하였는데 밤늦게 느닷없이 전화가 왔다.

큰외사촌의 부인이었다.

"스님, 너무 고마워요. 아들 낳았어요. 이름 하나 지어 주세요. 꼭 부탁드려요. 스님 은혜 잊지 않겠습니다."

나는 괜히 분에 넘치는 칭찬을 받는 것 같았다.

"내 말을 믿고 기도 열심히 한 덕분입니다. 축하드립니다."

며칠 후에 이름을 지어 보내 주었다.

이 양대 사건이 친가와 외가 두 집안에서 일어난 뒤 온 가족들이 무슨 기도 때면 꼭 축원을 부탁하고 온라인으로 기도비를 부쳐 온다.

이 이야기를 어느 노스님께 말씀드렸더니

"한 사람 출가에 구족(九族)이 하늘에 나며, 소원을 이룬다고 하더니, 그 말이 빈말이 아니구나."
하시며 격려해 주셨다.

'마하반야바라밀'은 나의 경우에 있어서는 모든 곳에 통용되어 적재적소에서 그 진가를 발휘한다.

한 구절의 경문 속에는 온 우주 진리의 신비가 다 들어 있음을 느끼지 않을 수 없다.

도깨비 방망이

법당에 '영남불교대학 9층(불교타운) 신축 조감도'가 걸렸다.

어린이 법회 아이들이 '우리 절이 이렇게 멋있게 지어질 것이다'며 다들 기뻐하였다.

정작 나는 별로 감정이 일어나지 않는데, 우리 아이들이 그렇게 좋아하는 것을 보고 '그 놈들 참 대견스럽구나' 하는 것을 느꼈다.

그 기뻐하는 아이들을 보는 것이 더 기뻤다. 그래서 가정에서는 아이들이 꼭 필요한가 보다.

초등학교 4학년쯤 되어 보이는 남자 어린이가 나를 졸졸 따라오면서

"스님, 저 빌딩 지을 만한 돈 있어요?"

하고 말하였다. 나는 무심코 대답했다.

"아니, 없어."

"조금도 없어요?"

"응. 조금도 없어. 왜 그러니?"

"스님, 걱정이 돼서 그래요. 돈도 없으면서 스님 정말 간 크네요. 스님은 도깨비 방망이를 가지고 계시나?"

그 소리를 듣고 보니 그럴듯하였다.

"너 이름이 뭐니?"

"이 판국에 이름이 뭐 그렇게 대단해요? 강석이라고 불러주세요."

"강석아, 세상 돈이 다 부처님 돈이란다. 그러니 뭐가 걱정이 되노."

"스님, 저도 보시할게요. 법회 시간 다 됐어요. 빨리 가요."

나는 너무 기특한 강석이의 작은 손을 꼭 잡았다. 강석이도 나의 손을 앙큼스럽게 쥐었다.

一切塵中亦如是…
(일체진중역여시) : 낱낱의 티끌마다 시방세계 들어 있네.

소년 소녀 가장

'소년 소녀 가장 돕기' 특별법회가 열렸다.

11일 동안 계속되었는데 법사는 젊은 층의 스님들과 재가법사(在家法師:가정생활을 하면서 법을 설하는 스승)로 구성되었다.

법문의 내용은 참신하면서도 다이나믹하였지만, 듣는 청중이 많지 않아서 별로 신이 나는 행사가 되지 못했다.

그런 대로 쌀이 다섯 가마니 정도 모였다. 현재 돕고 있는 4가구와 새로 조사된 관내 22가구를 합해 26등분으로 배분해서 일시에 나눠 주기로 하고 대상자를 소집했다. 집집마다 배달해 주어야 마땅하지만 절에는 차가 없어 달리 방법이 없었다.

몇몇 아이들과 상담을 하다 보니 어른들이 무책임하다는 생각이 들었다. 절반 이상이 부모가 자기들끼리의 이해관계로 자식들을 버린 경우였다.

부모들끼리 싸워서 아이들만 두고 가버린 경우, 남편이 바람피우며 겉돌자 마누라가 도망간 경우, 사업이 부도나서 망하자 자기들끼리만 외국으로 달아난 경우, 알콜중독으로 요양소에 격리된 경우 등 가지가지였다.

그런 어른들은 자기가 낳은 아이들이니까 자기 맘대로 할 수 있어서 참 좋다고 생각하는지 모른다. 그런데 그 자식들이 겪는 고통은 이루 말하기 힘든다.

물질적인 어려움은 말할 것도 없고 그보다 주위 사람들의 눈총과 무시, 그로 인한 스스로의 콤플렉스, 자괴감이 철없는 가슴을 짓누르는 것이다. 아이들은 속으로 부모들을 얼마나 원망하고 있는지 모른다.

자기들끼리 좋아서 부둥켜안고 있다가 저절로 생긴 아이든, 자기 장식품으로 생각하고 낳은 아이든, 대를 잇기 위해서 낳은 아이든, 자기 체면을 차리기 위해 억지로 낳은 아이든, 그것이 남자 아이였든 여자 아이였든 그 모두가 냉정히 따지고 보면 어른 자신들의 욕심으로 생긴 자식들이다.

그렇지 않은 경우도 있겠지만, 그것은 천만 분의 일의 확률도 안 된다. 그 확률이라면 이런 일일 것이다.

'너 중음신(中陰神)으로 돌아 다니자니 얼마나 힘들겠노. 너를 잘 받아들여서 잘 키워 주마. 일체중생을 위해 살아 다오.'

이미 문제는 던져져 있다.

우리는 함께 그 공동의 책임을 져야 한다. 그들이 나의 형제요, 그들이 나의 피붙이다. 우리가 아무리 성현들의 말씀을 옳게 외우고 거꾸로 외우더라도, 무릎이 까져 피가 철철 흐르도록 절을 한다 하더라도 그들에 대한 관심과 사랑이 없으면 성현의 본래 메시지와는 십만 팔천 리 동떨어진 신앙이 될 것이다.

쌀을 아래층까지 내려 주면서 나는 두 번째 충격을 받았다. 중형 고급승용차를 끌고 쌀을 가지러 온 그들의 친척들이 있었다. 삼촌이며 고모들이었다.

각 복지단체나 종교단체에서 전해 주는 성금, 물품을 타려고 그 명단을 일부러 남겨 둔 것이란다.

어른들은 아이들을 물질적 소유개념으로 생각하지 말았으면…….

無量遠劫卽一念…
(무량원겁즉일념) : 무량한 오랜 세월 한 생각 찰나이고

아귀 지옥

술자리였다.

"스님, 절은 경기 (景氣)를 안탄다면서요. 요즘 사업이 안 돼서 죽겠습니다."

난데없이 낯선 거사 (居士 : 남자 불교 신도의 호칭)가 푸념을 해 왔다.

나는 직감하고 말을 받았다.

"예. 절 하면 돈 많이 벌 겁니다. 절 하나 지으시지요. 대신 처자식을 버려야 합니다."

거사가 무슨 말인지 혼돈스러워 했다.

"처자식을 버리다니요. 처자식 때문에 절을 하려고 하는 건데요."

중생들은 아귀 지옥에 떨어질 짓을 찾아가며 한다.

술

일이 좀 많아서 바쁘게 뛰었더니 밥맛이 떨어졌나 보다.

마침 된장이랑 큰 풋고추가 밥상에 올랐길래 한 입 깨물었다. 매운 기운이 금방 입 안에 퍼지면서 온몸이 얼얼했다.

'작은 고추가 맵다'는 속담도 이미 지난 통념이구나 하는 것을 느꼈다. 개량 기술 때문인지, 고추의 성격 변화인지는 알 수 없어도 큰 고추도 맵기는 마찬가지였다.

그런데 갑자기 딸꾹질이 나기 시작했다.

찬물을 마시기도 하고, 밥을 삼킨 뒤에 숨을 멈추고 가만히 있어 보기도 했지만 소용이 없었다. 오후에 불교대학 강의도 있고해서 억지로 밥 한 그릇을 다 먹었다.

딸꾹질은 계속되었다. 누가 꿀물을 먹으면 괜찮다는 애기를 해서 한 잔 마셨다. 잠시 괜찮은가 싶더니 또 계속되었다. 강의 시간이 되었는데도 앞에 나설 수가 없었다. 오래 전 어느 법회에서 노스님이 마침 감기가 걸리셔서 기침하시랴, 말씀하시랴, 너무 힘들어하시는 것을 본 적이 있었는데 그 고충을 이해할 만하다.

학생들이 자기 나름대로 아까운 시간을 내서 이미 왔기 때문에 일단 시도는 해야겠다는 마음으로 단 위에 섰지만 몇 마디 하고는 양해를 구하는 수밖에 없었다.

'세상의 어떤 고통도 이보다 더 하지는 않으리라.'

속수무책으로 그날 강의를 포기하고 방 안에 들어왔다.

그동안 자주 안하던 물구나무 서기를 해 보기도 하고, 윗몸 일으키기를 해보기도 했다.

그래도 별 효과가 없었다.

사무실에 나가서 몸집 크고 힘센 보살님을 골라 손으로 등을 치라고 했더니 아프기만 잔뜩 아팠다.

아는 스님한테 전화를 했더니

"40년 이상만 하면 딸꾹질 최장기록으로 기네스북에 오른다. 걱정말아라."

하고 사돈 남말하듯 했다.

"그래. 그게 중요한 게 아니라, 강의와 염불(기도)이 큰 문제다. 공인(公人)은 딸꾹질도 해서는 안되는 모양이다."

이런 대답을 하는 중에도 딸꾹질이 일어났다.

이윽고 밤이 되었다. 이젠 방법을 찾지 말고 그냥 막무가내로 있어 보자는 생각이 들었다. 달리 방법이 있을 수도 없었다. 책을 보는 중에도 딸꾹질은 계속되어 자정을 넘기게 되었다.

'잠자는 중에도 딸꾹질이 날까?' 하는 궁금증이 일어났다.

드러누워 잠을 청하는데 '잠잘 때는 가만있어라' 하는 무슨 암시가 전달되는 듯하더니 잠이 들자 괜찮아졌다.

새벽 예불을 드리고 아침밥을 먹는데 또 밥상에 고추가 올라왔다. 정말 원인이 고추인가하는 맘으로 고추 끝을 이빨에 걸쳐 '꽉' 깨무는데 금방 반응이 일어났다.

순간 '아이쿠. 오늘 낮에 기도도 해야 하고, 강의도 해야 하는데 큰일이구나' 하는 걱정이 앞섰다.

밥을 먹은 후에도 딸꾹질은 줄기차게 진행되었다. 병원에 전화를 해보아도 묘수가 없었다.

나는 극약 처방을 하지 않으면 안되겠다는 생각에 공양주 보살한테 독한 소주 한 병을 사오라고 시켰다. 눈이 휘둥그레진 공양주 보살이

"스님, 이 대낮에 웬 술을요?"

하며 당황해 했다.

"아무튼 사 오세요. 대신 버스를 타고 나가서 두세 정거장 이상 가서 사 오세요. 주지 스님이 낮에도 술마시는 술꾼이라고 소문나면 신도 떨어집니다. 알겠지요?"

나는 단단히 두세 번 일렀다. 내 성질을 아는 탓이라 다시 묻지 않고 금방 다녀왔다.

45 도 짜리였다.

딸꾹질의 진원지가 횡격막이라는 이야기를 언젠가 들은 것 같았다. 만일 횡격막이 자극에 의해서 놀란 경우면 전혀 다른 자극에 의해 진정될 수 있으리라는 발상을 하게

된 것이다.

녹차 찻잔에 소주 한 잔을 부어 놓고 깊은 호흡을 몇 번 했다. 그리고 눈을 찔끔 감고는 단숨에 들이켰다.

몸이 움찔하면서 떨렸다.

'그래, 진정되는구나' 하는 암시의 기도를 보냈더니 딸꾹질이 일어날 시간이 됐는데도 괜찮았다. 1분이 지나고…… . 그냥 좋아졌다.

최근 학계 발표에 의하면 적당한 술은 오히려 건강에 좋다고 하였다.

그런데 이렇게 딸꾹질에도 좋을 줄이야!

술은 술 자체가 문제되는 것이 아니라, 어떻게 마시느냐, 누가 마시느냐에 따라 문제될 것 같다.

물은 소가 마시면 우유가 되기도 하지만, 똑같은 물을 뱀이 마시면 독이 되는 것과 같이…….

一念卽是無量劫…
(일념즉시무량겁) : 한 생각 순간 속에 무량 세월 들어 있네.

임 종

임종 (臨終)이 가까웠다는 연락을 받고 급히 달려갔다.

아주 편안한 자세로 누워 계셨다. 눈을 뜨지 않으신 지는 오래 되었다고 했다.

금방 돌아가실 것 같지는 않아서 가족들과 곁에서 지켜보면서 이야기를 나누었다. 위암으로 꽤나 고생을 하신 모양이다.

위독하다는 전갈을 받고, 시집간 큰딸이 바쁘게 들어섰다. 흐느끼면서 아버지 손을 잡았지만 아무 반응이 없자, 딸이 다급한 목소리로 "아부지요!" 하고 크게 소리쳤다.

그러자 그간 며칠째 눈을 감고 있었다는 환자가 눈을 반짝 떠고는 바로 감았다.

두 시간 정도 지나니 상태가 조금 악화되는 것 같아서 임종 염불을 시작했다. 자식들이 한번 더 아버지의 살아 있음을 확인하려고 "아부지요!" 하고 외쳤다.

그러자 아까보다는 힘이 없이 반쯤 눈을 뜨고는 다시 감았다. 발부터 부어올라 다리가 그렇게 저리고 아팠는데도 임종이 다가오니 표현조차 하지 못했었다는데 부르는 소리에 눈을 뜨니 다들 신기한 모양이다. 육체가 말을 안들어서 그렇지 정신은 초롱초롱해 보였다.

차차 숨이 더욱 가늘어지고 거의 막 저 세상으로 건너가려는 순간인 것 같았다. 그때 자식들이 또 아버지를 흔들고 통곡하며 불러 대었다.

"아부지요—."

곧 숨이 끊어질 듯한 상황인데 또 한 번 눈을 반짝 떴다.

나는 그들에게 울지도 말고 부르지도 말도록 부탁했다.

"이러시면 편하게 못 가십니다. 지금은 미련을 갖지 않도록 도와 드리셔야 합니다. 어차피 가시는 걸음이니까 정말 마음이 편안하게 염불 소리만 들으면서 가시도록 합시다. 그래야 극락 가십니다."

가족은 모두 합장한 채로 조용한 목소리로 '나무아미타불'을 염송(念誦)했다. 잔잔한 기도의 힘이 온 방에 가득 차갔다.

"나무아미타불, 나무아미타불……."

드디어 그 노인의 사바세계에서의 시계추가 점점 더디게 움직이더니 곧 멈추어 서버렸다.

며칠 후 장례가 다 끝나고 손자 되는 중학교 2학년 명석이가 내게 말했다.

"스님, 할아버지의 임종을 지켜 보면서 생각, 의식은 분명히 살아 계심을 분명히 느낄 수 있었습니다. 돌아가신

것처럼 또 돌아오심을 확신했습니다."

명석이의 말대로 헤아릴 수 없는 수많은 억겁의 세월을
우리는 살아가는 것이다.

九世十世互相卽…
(구세십세호상즉) : 삼세 속에 또 삼세가 엉켜있는 모양이나

뒤질래

교도소 면접실 마당에서 놀이기구를 타고 놀면서 남녀 두 꼬마가 서로 욕지거리를 하고 있었다.

"뒤질래!"

"뒤질래!"

남자 꼬마를 불러서 물었다.

"너 몇 살이니?"

"다섯 살요."

"뒤질래가 무슨 말이니?"

"싸움 한번 붙자는 말이에요."

우리는, 교도소 안에 들어와서도 겁없이 "뒤질래"를 외치는 살벌한 세상에 살고 있다.

그것도 말뜻도 모르는 어린 꼬마가…….

포스터

절 건물 입구에 붙은 포스터를 초등학생들이 뜯고 있다
는 전갈이 왔다.

어린이 한문교실 모집 광고로 보리수나무 아래 부처님
과 어린 제자들이 대화하고 있는 그림이었다.

급히 내려가 보니 그 애들은 이미 도망가고 없었다. 풀
을 되게 쑤어 아주 단단히 붙인 것이라서 다 뜯어내지는
못했다.

주위에 놀고 있는 초등학교 저학년으로 보이는 여학생
들에게 물어 보았더니 6학년 남자들이 뭐라고 하면서 찢
어 내다가 방금 도망갔다고 했다.

"뭐라고 하면서 찢더니?"

"이 자식들이 나무 아래서 무슨 짓들을 하고 있는 거야.
이 자식들이 우리 교회 친구들 다 뺏어 갔어!"

사자에서 나온 벌레

　청년회 법회가 잘 되어가는가 했는데 어느 날부터 흔들리는 것이 눈에 확연히 드러났다.

　한 주가 다르고 또 한 주가 다르게 인원이 격감하여 갔다.

　수소문하여 알아보니 얼마 전에 입회한 '정아' 라는 여자가 회원 가운데 이 남자 저 남자를 다 건드린단다. 그래서 남자는 서로의 안면들 때문에 못 나오게 되고 여자는 그것들이 눈꼴 사나워 안나온다는 것이다.

　사자 몸에서 나온 벌레가 결국 그 사자를 먹어 치운다는 말이 있다. 어느 단체든 이런 사람들이 가끔씩 있다.

　자기는 비록 그 단체를 와해할 그 어떤 의도도 없었을 뿐 아니라, 자기가 그런 짓을 하고 있는지도 모를 때가 있지만, 어느덧 스스로 그런 악역의 장본인이 되어 있을 때가 있다.

　우리는 늘 내가 그 단체의 일원이자 전체라는 인식을 하고 있어야 한다.

　만일 자기가 그 법회의 암적인 존재라는 '불명예의 멍에'

를 뒤집어쓰고 있다고 생각해 보자.

 그 공동 운명체를 파괴시킨, 수미산보다 더 큰 죄업을 어떻게 할 것인가?

폭 력

어린이 법회 시간에 혼줄이 났다.

연일 보도되는 조계종 총무원 폭력 사태에 대해 어린이들이 항의를 해 온 것이다.

"스님들은 말로써 싸워도 될 텐데 왜 폭력을 쓰는 겁니까?"

총무원에 들락거리는 힘있는 분들께서 어린이들이 납득할 수 있도록 해명해 주었으면 한다.

자 식

    지금도 외로이 혼자 산골짜기에서 낮에는 염소를 동무 삼고 밤에는 별을 동무 삼아 살아가는 한 노파가 있다.

    노파의 나이는 여든 다섯.

    산골짝에 시집와서 층층시하의 시어른들을 모시면서 억척스럽게 살아온 노파는 아들 셋을 낳았지만 둘은 아주 어릴 때 죽고 외동아들 하나만을 두었다.

    오십이 지날 무렵 남편은 갑자기 병을 얻어 일어나지 못하고 그 길로 세상을 떠났다. 그러자 아들은 어머니를 혼자 두고 부산으로 나갔다.

    내가 이곳으로 오자 노파가 하루종일 걸리는 거리를 걸어와서 며칠간 쉬면서 이 이야기를 해주곤 했다.

    다른 노보살님들이 오셨을 때 이 노파 얘기를 했더니 한 노보살님이 눈물을 흘리면서

    "참 불쌍한 우리 언니지요."

    하고 말문을 열었다. 자매인 모양이다.

    "우리 언니는 복도 지지리도 없습니다. 언니는 자식 농

사를 잘못 지었습니다. 외동아들이다 보니 너무 귀엽게만 키웠지요. 없는 살림에 그 산골에서 고등학교까지 겨우 시켰는데 그놈이 집에서 자주 행패를 부렸습니다. 술을 처먹고는 아버지 멱살을 잡고 흔들기 보통이었습니다. 결국 그의 아버지 되는 사람은 화병으로 죽었지요.

그 정도 되니 언니한테는 오죽했겠습니까. 돈 안 준다고 도끼로 농짝까지 부수었습니다. 그것이 너무 두렵고 겁이 나서 언니는 우리집에 숨어 있기도 했지요.

그런데 그 언니는 그 아들이 무서워 도망다니는 처지에서도 초하룻날 그 아들을 위해서 초를 사서 절에 올라갔습니다. 언니는 기도할 때 소리를 내서 하는 버릇이 있습니다. '부처님, 우리 외동아들 어쨌든지 병이나 없도록 해주소. 좋은 배필 만나서 떡두꺼비 같은 손자 하나 낳게 해주소.'

그런데 그 아들은 아버지가 죽고 얼마 있지 않아 부산으로 가더니 고기 잡는 배를 타면서 돈을 벌었습니다. 언니의 소원대로 마누라도 얻어서 아들 둘, 딸 둘을 낳았습니다. 아파트도 사고, 마누라 타라고 차도 한 대 샀습니다. 그렇게 살면서도 그 아들놈은 1년에 한 번, 아니 2년에 한 번 빼꼼이 들여다보고는 방이 더럽다고 자지도 않고 훌쩍 가버립니다.

그런데 모정은 대단한 것 같습니다. 그렇게 자기를 괄시하고 업신여기는데도 언니는 초파일이 되면 이 절에 와서 아들 등을 켭니다. 그것도 제일 큰 등으로 켜지요. 딴 사람들이 보면 어지간히 아들 덕을 보는 것 같지만 돈 한푼 일 없습니다.

언니가 저 나이에 산비탈을 오르내리면서 염소 팔아 살지요. 그 부락에 몇 집 되지 않지만, 전기가 들어와 있습니다. 그러나 언니는 아직 촛불 켜고 삽니다. 전기세가 한 달에 기본 요금 6천원이니 그게 벅차지요. 그 흔한 텔레비전도 못 보고 삽니다.

얼마 전에는 부산 간다고 가더니 이틀 만에 쫓겨왔습니다. 손주놈들이 냄새난다고 하도 지랄을 하니 돈 3만원 얻어서 그냥 왔답니다. 아들이 그 모양이니 며느리도 그 모양이겠지요."

노보살과 대화가 오고간 석 달 후에 자매가 함께 절을 찾았다. 언니 되는 노파는 내 손을 잡고 울기 시작했다.

노보살이 대신 이야기를 꺼냈다.

"스님, 언니 외동아들이 한 달 전에 부산 앞바다에서 배가 뒤집어져서 실종됐습니다. 아직 시체도 못 찾았습니다."

언니 되는 노파가 눈물을 닦으면서 횡설수설했다.

"그놈이 살아서도 불효하더니, 죽으면서도 내한테 이렇게 가슴에 못을 박을 수 있나. 그렇지만 너무 아깝데이. 내가 그놈한테 돌에 맞아 죽어도 좋으니, 그놈만 다시 살릴 수 있다면……."

노보살이 버럭 화를 내면서 언니한테 고함 질렀다.

"언니는 무슨 소리 하노! 그놈이 아들이라고 생각했더나. 저거는 그렇게 살면서 언니한테 용돈이라고 보내 준 적 있더나. 그까짓 아들 살아 있거나 죽어 있거나 무슨 관계 있노. 천벌 받은기다."

노파는 가슴을 쓸어내리면서 말했다.

"천벌을 받아도 내가 받아야지. 왜 그 자식이 받노. 내가 죽고 그놈이 살아야 되는데. 다 내가 죄가 많아서 그런기다. 누구를 탓하겠노. 저 손자들이나 잘 커야 될낀데……."

노보살이 가만있지 못하고 또 말했다.

"손자들 걱정은 미쳤다고 하나! 방학이 돼도 할머니한테 한번 다녀가기를 하나, 집에까지 찾아가도 냄새난다고 구박하는 놈들. 그 잘난 며느리가 지 자식 귀한 줄은 알아서 잘 키우겠지, 뭐."

절에서는 그 배가 전복된 날을 계산해서 49재를 봉행했다. 아들의 얼굴이야 본 적이 없었지만, 그 노파의 맹목적인 모정(母情)이 너무 마음 아팠다.

물론 그 노파는 49재 비용을 댈 한푼의 돈도 갖고 있지 않았다.

빨리빨리

청소년 법회에서 이런 법문을 했다.

"우리 한국 사람들은 성질이 급합니다. 예를 들어, 비행기에서 내려, 화물칸으로 온 짐을 찾으러 나온 사람들의 선두 그룹은 다 한국 사람입니다.

물론 짐이 아직 나오지 않았는데도 달려가다시피 해서는 우두커니 지키고 섰지요. 그리고 택시에서 내려서, 내리자마자 그 택시 앞을 가로질러 길을 건너는 사람도 한국 사람 뿐입니다.

언어에서도 '빨리빨리'란 말이 가장 많이 쓰입니다. '공부 빨리해라,' '숙제 빨리해라,' '법회 빨리 시작해라.' 입만 벙긋하면 '빨리'입니다.

한국말을 전혀 모르는 외국인들도 '빨리 빨리'란 말을 외쳐 댑니다. '빨리 빨리'의 병에서 빨리 벗어납시다."

법회가 끝나자 여고생 수진이가 다가와 귓속말로 속삭였다.

"스님, '빨리빨리'마저 빨리 빨리 치료하려면 안될걸요."

"그래 맞다. 수진이가 더 큰 법사(法師)다."

무료급식

대구의 영남불교대학은 배움과 행함을 동시에 추구하는, 살아 있는 불교 현장이다.

많은 행사 중에서 매주 금요일마다 이루어지는 '무의탁 노인을 위한 무료급식'은 전 신도회가 조직별로 참여하는 가장 큰 보람있는 일이다. 노인들은 그 시간을 무척 기다린다고 한다. 자기들끼리의 만남을 아예 그 시간에 절에서 갖는 경우도 있다.

가끔씩 신발이 없어지는 것만 빼면, 우리 신도들도 다들 노인네들을 좋아하고 봉사하는 것도 재미있어 한다.

보살님들이 모여앉아 수제비를 만들고, 나물을 다듬는 모습을 보면 너무 보기 좋다. 법당 입구에서 그리고 법당에서 친절하게 노인들을 안내하며 식사 그릇을 들고 분주히 왔다갔다하는 모습을 보고 있노라면 저절로 힘이 솟는다. 특히 앞치마를 두르고 열심히 일에 몰두하고 있는 보살들의 모습은 무신경인 나에게 아득한 향수와도 같은 진한 모성애를 느끼게도 한다.

쓸데없이 모여앉아 화투 치지 아니하고 '몰라 관광' 따라 다니지 않는 것만 해도 더없이 좋은 일이지만, 거기다가 노인 대접하는 봉사까지 하게 되니 세상에 이보다 더 밝은 일이 어디 있으랴!

    찾아 오시는 노인들도 참 고맙다. 4층 법당까지 올라오기도 힘드실 텐데 부처님 전에 불전(시주금)을 놓고 절을 올리는 노인분들의 면면에는 언제나 은은한 불심(佛心)의 분위기가 흐른다.

    어느 날, 행사가 끝나고 봉사단들이 둘러앉아 차를 마시는데 한 신도가 즉흥시를 읊었다.

우리 이렇게 모두 모여
오랫동안 살자
죽어 극락, 죽어 천당을
바라지 말고
차라리 살아서
함께 이 길을 가자

마음먹기

영남불교대학은 학력과 연령에 제한이 없이, 불교공부를 하고 싶은 사람은 누구든 들어올 수 있는 곳이다.

포항이나 구미, 상주, 영천 등 인근 도시에서도 더러 오지만 서울에서 내려오는 분도 있다. 오히려 멀리서 오실수록 결석도 없고 공부도 더 열심히 하는 것을 볼 때 옛날 생각이 난다.

학창 시절, 교문 앞에 집이 있는 아이들 치고 썩 공부 잘하는 경우를 못 보았다. 오히려 촌 구석에서 일요일이면 소꼴도 베어 가면서, 그 바쁜 가운데 통학하는 버스간에서 영어 단어를 외우던 친구들이 진짜 공부를 잘했던 것이다.

말이 그렇지 서울에서 대구까지 한 주도 빠지지 않고 다니기란 여간 힘드는 일이 아닐 것이다.

대구 바닥에 사는 사람들이 아무리 환경이 열악하다 하더라도 여기에 비교할 수는 없으리라 생각한다. 봄이 왔으니 새옷 쇼핑 간다느니, 겟날이라 바쁘다느니, 수영장 가서 몸매 가꾸어야 된다느니 하면서, 엎어지면 코 닿을 데

있는 사람들이 별의별 핑계를 대면서 영원과 열려 있는 그 길을 찾아 오지 않는 것을 보면, 또한 한두 번 나왔다가 슬슬 빠지는 하근기(下根機)중생들을 보면 자기 자식들 앞에서는 어떻게 할까 하는 걱정마저 생기는 것이다.

일주일에 한 번 나오면 될 일을…….

서울에서 오는 신도한테 말씀을 이렇게 드렸다.

"신도님, 서울에도 불교대학이 많은데 어떻게 이 멀리까지 다니십니까?"

신도님은 초연하게 대답하셨다.

"다 인연이지요, 뭐. 늘 다니지만 그렇게 멀다고 느껴지지는 않습니다. 조금 바쁘기는 하지요."

신도님은 연세도 적은 편이 아닌데도 뭐든지 열심히 하신다. 바쁜 가운데에서도 여유를 찾으시는 모습을 보며 이런 시가 생각났다.

하루 종일
누구를 위해 바쁠손가
바쁜 가운데
한가로운 소식을 알면
끓는 물 속에서
한 송이 연꽃이 피어나리라.

안 녕

산을 사랑하려면 나무를 사랑해야 하고 그 산의 돌과 흙을 사랑해야 한다.

이처럼 세상을 사랑하려면 세상 속에 존재하는 모든 생명있는 중생을 사랑해야 한다.

모든 생명있는 중생의 영혼을 사랑할 줄 아는 사람이야말로 극히 선한 자며, 천상(天上)이나 극락(極樂)의 지극한 평온에 다다를 수 있다.

우리 어린이 법회에 얼굴이 희고 깜찍한 한 소녀가 있었다. 눈을 가느다랗게 뜨고 눈웃음을 잘 짓던 아이. 5학년짜리 김신정이었다.

신정이는 강아지를 무척 좋아했다. 이웃 동네에 준, 자기가 기르던 강아지를 보러 갔다가 그만 교통사고를 당하고 말았다.

착한 아이는 하늘이 샘을 해서 데려간다는 말이 문득 머리를 스쳤다.

우리들은 신정이와 화장터에서 마지막 인사를 했다.

같이 찬불가를 부르고 같이 반야심경을 외우던 어린이 법회 소녀들이 신정이의 작은 하얀 천 위에 꽃 한 다발을 놓았다. 이제 파란 하늘을 지나 저 멀리 떠날 신정이를 위해 우리들은 반야심경을 외어 주었다.

신정이도 울었다. 친구들도 울었다. 나도 울었다.

반야심경은 슬픔이 되었다. 신정이는 늘 입고 있던 외투 하나를 입고 그 어린 나이에 혼자 먼길을 떠날 채비를 했다.

예쁜 소녀는 마지막 말 한마디 없이 하얀 연기로 손짓하며 이별의 노래를 불렀다.

'친구들, 그리고 스님 안녕!'

우리는 신정이와의 헤어짐이 너무 아쉬워 '관세음보살님'을 애절하게 불렀다. 그 소리는 멀리 극락의 세계에까지 메아리쳐갔다.

'착하고 예쁜 신정아,

너는 그 천상, 극락의 길이 좋아 떠나간다지만

정들었던 스님과 친구들은

왜 이렇게 가슴이 미어지는지 모르겠구나.

가다가 지치면 뛰어놀던 법당을 생각하고,

그리고 관세음보살님을 부르거라.'

여름, 찜통 같은 법당에서 한문교실로 처음 인연을 맺은 뒤 신정이는 부처님 제자가 되었다. 그 공덕으로 신정이는 부처님 계시는 좋은 나라에 태어났다. 그를 기념하기 위해

책 한 권을 내어놓았는데, 그것이 바로 〈부처님은 왜 신을
가르쳤나요〉 이다.

신정이는 자기만큼이나 아름다운 마음씨를 가진 많은
사람들을 소개해 주었다.

仍不雜亂隔別成…
(잉불잡란격별성) : 어지럽지 아니하여 서로가 뚜렷하네.

천 도

　해마다 거의 한 건 이상씩 자살 사건이 나는 작은 산이 있다. 작년에도 눈이 녹고 해동이 된 뒤 나무하러 간 사람들에 의해, 그곳에서 외국인으로 보이는 남자 한 명과 한국인 여자 한 명이 나무에 목맨 채로 발견되었다. 재작년에는 청춘남녀가 발가벗은 채로 서로 껴안은 상태로 죽어 있었다.

　이쯤 되니 동네 사람들은 이쪽 주위를 왕래하는 것을 꺼리게 되었고, 그 윗쪽 3㎞에 있는 암자까지도 영향을 받게 되었다.

　암자 바로 아래까지 택시들이 다닐 수 있는 작은 길이 있었으므로 웬만한 경우에는 돈이 들더라도 대부분 택시를 이용하였다. 특히 날이 저물거나 비가 오는 궂은 날에는 사람들은 더욱 겁을 먹지 않을 수 없었다. 왜냐하면 길에서 조금 떨어진 그 장소에서 밤에 흰 소복을 입은 여자를 보았다는 사람들이 가끔 있었기 때문이다.

　어느 날 낮에 암자에 가기 위해 택시를 탔더니 택시 기사도 장황하게 이 이야기를 늘어 놓으면서 늦은 시간에 자신도 한번 경험하고는 식은땀이 흘렀다고 했다.

한번은, 비가 추적추적 오는 날 저녁에 우산을 받고 혼자 그 길을 올라오는데 제법 스산한 기운을 느꼈다. 나는 정신을 바짝 차리고 반야심경을 외웠다. 별일은 없었지만, 좀 야릇한 기분은 어쩔 수 없었다.

늘 시신을 두고 염불하고, 영가천도(죽은이를 좋은 곳으로 인도함)를 하다 보니 귀신에 대한 두려움은 가지지 않는데 여기서는 다른 에너지의 기운이 감지되었다.

며칠 후 큰절에 갈 일이 있어서 어느 노스님께 이 말씀을 드렸더니 스님께서 힌트를 주셨다. 만일 좀 다른 기운이 느껴지거나 흰 소복을 입은 영가가 나타나면 그쪽을 향해 소리치라는 것이다.

'너는 사람이냐. 귀신이냐. 사람이면 썩 물러나고, 귀신이면 나를 따라오너라. 내가 너를 천도시켜 주마' 하고.

그로부터 한 달쯤 뒤에 어디를 다녀오다 저녁 10시가 넘어서 마을 택시를 타려고 하는데 기사들이 그쪽 방향은 못 가겠다고 완강히 거부했다. 나는 하는 수 없이 걸어야 했다. 밤 12시가 거의 다 되어서 사건이 잦은 그곳을 지나게 되었다.

나는 저번처럼 또 반야심경을 외우며 머리 속에는 화두(話頭:참선에 있어서 숙제)를 잡았다. 정말 깜깜한 밤이라 별빛에 의지해 겨우 한 발자국씩을 옮기고 있는데, 가까운 듯 먼 듯 슬피 우는 여인의 목소리가 들렸다.

나는 쥐고 있던 염주를 힘있게 잡고는 산이 쩌렁쩌렁하도록 소리쳤다.

"니가 사람이면 썩 물러가고 귀신이면 겁먹지 말고 나를 따라오너라. 내가 좋은 데에 보내 줄 것이다."

정신을 차분히 하면서도 바쁜 걸음으로 그 에너지를 이끌고 암자로 들어섰다. 온몸에 땀이 흐르는 것 같았다.

"따라 들어오시오."

나는 법당 문을 훤히 열어제치고 청혼(請魂)을 했다. 청혼이란 혼을 청해 앉히는 의식이다. 그리고 염불을 했다.

"영가(靈駕)시여!

삼계는 마치 두레박줄 같아서 수천, 수억 겁의 세월을

그렇게 태어나고, 그렇게 또 죽어갔네.

무주(無主)의 영가시여,

이제 모든 집착 여의시어

바른 법으로 돌아가 윤회의 고리를 끊으시라.

세상은 티끌과 같은 것

그 어디에도 영원한 것은 없으니

소승(小僧)의 대승경전 소리를 듣고

빨리 해탈(解脫)을 얻을지이다."

나는 이렇게 읊조리고 영원한 경, 금강경 한 편을 지극 정성 독송했다. 암자의 대중들이 무슨 일인가 하며 놀랐지만, 눈치를 채고 더 이상 묻지 않았다.

그날 밤, 잠은 참 편안하였다.

아침에 공양주 보살이 공양을 들면서 꿈 이야기를 했다.

"스님, 새벽에 꿈을 꾸는데 스님 방에 흰 소복을 입은 여자 둘과 검은 양복을 입은 남자 둘이 한꺼번에 큰절을 올리더니 갑자기 향 연기가 되어 무지개 빛을 타고 획 창문으로 빠져 나갔습니다."

그 뒤로 나는 그 길을 지나치면서 전과 같은 마음의 부담이 없게 되었다.

初發心時便正覺…
(초발심시변정각) : 첫 발심했을 때가 부처님 자리이고

등신같은 남자들

여고 친구들끼리 불교대학에 다니던 신도가 있었는데 언젠가부터 한 친구가 눈에 띄지 않았다.

같이 다니던 신도한테 물어 보니 그의 남편이 '여자가 건방지게 불교책을 보고 똑똑한 체한다'면서 못 나가게 한단다. 그의 남편을 우연히 한번 본 적이 있었는데 용모도 용모였지만, 내 앞에서 자식 자랑이나 해대는 팔불출이었다.

세상에서 가장 등신 같고 모자라는 남자는 자기 부인에 대해 자신없는 행동을 하는 남자다.

즉, 자기보다 똑똑할까 봐 언제나 경계하며 혹시 부인이 자기한테 좀 무관심하고 스스로의 일에 몰두하면 금방 짜증을 부리며 집어치우라고 소리지른다. 그리고 자기 이외의 그 사람이 교수든 스님이든 목사든 거지든 간에 남자라고 생긴 사람의 경우를 이야기하면, 곧바로 질투심을 내며 온갖 상상을 해대며 말꼬투리를 잡는다.

이런 사람들은 말만 남자이지 속은 여자의 질투심보다 더하다. 알고 보니 세상에는 이런 등신 같은 남자들이 꽤 많은 모양이다.

자기 부인이 똑똑해지는 것을 싫어하는 그 못난 남편, 그를 남편이라고 같이 사는 여자는 거의 부처님 경계(境界)에까지 간 대보살들이다. 부처님 같은 부인이 노상 옆에 있다 한들 닫힌 마음의 눈을 하고 있으니 그런 줄 알 리가 없다.

부인을 인생의 동반자로 생각지 못하고 무슨 승용차 같은 소유물로 생각하는 한, 그 둘 관계에 있어서는 진정한 사랑의 교감이 있을 수 없다.

요즘 세상에 어떤 여자가 남편이 집어치우라고 소리지르면 다소곳이 고개숙이며 그 말에 순응하겠는가? 여자들이 내실(內室)에 감추어져 길들여지던 시대는 이미 지났다.

못된 남편들이 제아무리 아무 짓이나 하며 여자 기를 죽이려고 발버둥을 치지만 자기가 똑똑해지지 않고는 무슨 특별한 방법이 없다는 것을 빨리 알아차려야 한다. TV만 켜면 그 잘난 남자들이 등장하고, 강의라고 열리는 데를 가 보면 젊고 패기에 넘친 강사들이 독특한 개성으로 사람들의 시선을 일시에 끌어당긴다.

그런데 간혹 결혼한 남자들이 스스로 자기 수준을 높일 생각은 전혀 내지 못하고 천박한 짓을 서슴지 않는다고 하니 한심하기 그지없다.

자식들 보는 앞에서 자기 부인을 때리고 고래고래 고함지르며 욕지거리하는 남자들은, 그의 부인이 자기를 위해 기도하는 일조차 적대감을 가지고 본다.

상대성

두 쌍의 부부가 있었는데, 그들은 같은 동네에 사는 서로 잘 아는 사이였다.

그들 남자는 박씨 성과 신씨 성을 가졌다. 절 짓는 일로 해서 우연히 만났는데, 일요일만 되면 사냥이나 낚시를 즐기느라 정신이 없는 모양이었다.

나는 만날 때마다 상대를 죽이는 취미보다 그냥 즐길 수 있는 취미가 어떻겠느냐고 충고를 했지만, 귀담아 듣지 않았다. 무종교인이었던 그들은 내가 애가 타서 그러는 것을 보면 오히려 재미있었는지 뱀탕을 해먹은 이야기며 사슴 피를 빨아먹은 이야기를 곧잘 하여 나의 심기를 불편하게 하였다.

한번은 박씨 아저씨가 오른 눈에 안대를 하고 나타났길래 어디 다치셨느냐고 하였더니 말을 잘 하지 않았다.

몇 시간 후 그들 두 가족 중 신씨 아저씨 가족들을 만났더니 박씨 아저씨의 눈에 대해서 얘기해 주었다.

"꼭, 병신같이 낚싯줄을 잘못 끌어당기다가 낚싯바늘에

눈이 찔려 실명했습니다."

　남편의 말에 부인이 맞장구를 치면서

　"눈깔이 병신 된거지요, 뭐."

하고 남의 말이라고 너무 쉽게 해대었다.

　박씨 아저씨는 한 쪽 눈으로는 제대로 낚시도 할 수 없고 사냥도 할 수 없게 되었다.

　그로부터 몇 개월 후가 되었는데 한 장의 부고가 날아들었다. 신씨 아저씨가 갑자기 사망한 것이다.

　사망 원인도 모른 채 신씨 아저씨 집으로 급히 갔더니 그의 부인이 내 팔에 매달리면서 울고불고 난리였다.

　일단 먼저 염불을 해드리고 물러나와 그의 유족들과 이야기를 나누었다. 신씨는 산에 사냥을 나갔다가 다른 사람이 쏜 총에 얼굴을 맞아 즉사했다는 것이다.

　박씨 아저씨의 부인이 마침 문상을 왔는데, 그 신씨 아저씨의 부인은 박씨네 부인을 붙들고는

　"우리 남편도 눈깔이 병신만 되었다면 사냥하러 다니지 않았을 텐데……."

하고 옆에 있는 사람들이 듣기에도 민망스러운 소리를 뇌까렸다.

　몸이 성할 때는 눈 병신이라고 업신여기더니 사람이 죽고보니 눈 병신도 부럽게 된 것이다.

참종교인

49재를 지내기 위해 법당에 사람들이 모였다.

종교가 다른 사람들이 적잖이 온 것 같았다. 그래선지 앞에 나가 영전(靈前)에 절하는 사람이 몇 안되었다.

나는 마이크를 잡고, 재를 지내다 말고 고함쳤다.

"오늘 다 뭐 하러 오셨습니까?"

"……."

"오늘은 본인들을 위해서 여기 온 게 아닙니다. 돌아가신 분 좋은 데 가시도록 정성을 모으시기 위해 이 자리에 오셨습니다. 종교가 다른 분이 체면 때문에 오셨다 하더라도, 오늘만큼은 자기 고집, 자기 옷을 벗어야 합니다. 다들 나와서 절 올리십시오."

그제서야 도살장에 끌려가는 소처럼 마지못해 엉덩이를 끌듯이 일어서서 나가더니 절을 올렸다.

종교란 나와 남을 구별짓지 아니하는 것을 추구해야 함에도 요즘 어설픈 종교인들은 자기 종교의 테두리에 갇혀서 꼼짝달싹을 못한다. 종교를 잘못 가지면 오히려 사람을 옹졸하게 한다.

누구든, 어느 종교 행사에 어차피 참석하게 되었을 때는 그것이 결혼식이든, 장례식이든, 49재든 간에 진심으로 거기에 하나가 되어야 한다. 그정도는 되어야 참종교인이다. 불교인이 기독교 행사에서 머리 한번 숙인다해서, 기독교인이 불교 행사에서 절 한번 한다해서 자신의 종교적 수양에 손색이 있을 리 없다.

남의 종교 행사장에서 자기 종교를 고집해서 뻣뻣하게 있는 것은 예의가 아니다. 인간의 기본 예의도 모르는 사람이 종교를 가져서 무엇하겠는가.

우리는 TV를 통해서, 장로인 김영삼 대통령이 외국의 귀빈과 함께 불국사 등 사찰 법당에 예의를 차리지 않고 들어서는 것을 본 적이 있다.

많은 사람들은 불쾌하다고 말들을 한다. 고개 한번 숙이지 않으면서, 다른 사람들이 신성하게 여기는 그 장소에 들어갈 이유가 뭐냐는 것이다.

적어도 일국의 대통령이라면 한 나라의 다종교 사회를 초연하게 통치하는 모습이 있어야 한다.

대통령이 개인의 종교를 너무 내세워 국민들에게 위화감을 조장한다면, 그는 한 나라의 대통령이 아니라 한 종교의 대통령인 것이다.

종교사업

볼일이 있어 원장이 불교인이라고 알려진 병원을 찾게
되었다. 'ㅇ불교 ㅇ병원'이라는 간판을 달고 있었다.

개원한 지 한 달 되었다는 이야기를 한 그 원장은 불교
교단에 대한 섭섭한 감정을 털어놨다.

"스님, 나도 4·8봉축위원회에 돈 갖다 냈습니다. 그리
고 이 일을 시작하면서 거사회에도 나갔습니다. 그러나 아
무 덕이 되지 않았습니다. 그래서 요즘은 절에도 안나갑니
다. 지금이라도 당장 '불교'자를 떼고 싶습니다."

다니다 보면 '불교'라는 모자를 쓴 병원들이 더러 보인
다. 규모도 크고 하니 대부분 사람들이 불교 종단에서 운
영하는 병원으로 생각하기 쉽다. 그러나 실지는 그렇지 않
고 거의가 다 개인 병원들이다. 불교 포교적 차원에서 '불
교'라는 명칭을 사용하는 뜻있는 분들도 많지만 개인 욕심
만 채우기 위해 불교라는 이름을 도용하는 수도 있다.

위에서 예를 든 경우만 보더라도 '불교'자를 종단에서 붙
이라고 해서 붙인 것도 아닌데 혼자서 역정을 내며 욕을

해댄다. 이런 사람들은 절에 다니는 목적이 사람들을 사귀어서 돈이나 좀 벌자는 속셈이다.

즉 절을 무슨 거래처 정도로 생각한 나머지 자기 뜻대로 되지 않으면 그 원망을 절이나 스님한테 퍼붓는다. 그것도 좀 기다려 보려는 마음도 없이 겨우 한 달 가지고 호들갑을 떤다.

서로 도울 만하면 도와야겠지만, 너무 이기적인 계산으로 속 보이는 짓을 하는 사람들이 있어서 마음이 편하지 않을 때가 있다.

종교는 당장의 빵이나 돈보다도 영원의 평화와 행복을 추구한다.

직장을 구하거나 돈을 벌기 위해 절이나 교회를 다니는 사람들이 많다는 이야기를 간간이 듣는다.

종교도 대기업을 운영해야만 살아 남는 시대가 다가올지 모른다. 벌써 그런 종교들도 있는 것 같다.

그러나 종교가 종교 본연의 자세인 정신 영역을 담당할 때 비로소 세상의 목탁이 되고 빛이 될 것이다.

기부금 납입 증명서

기부금 납입 증명서를 떼어 줄 수 있느냐고 어떤 사람이 찾아왔다.

"혹시 어느 절에 다닙니까?"

하고 물었더니 그는 태연하게 말했다.

"저는 성당에 다니는데 절에서는 말만 잘하면 떼어 준다고 해서 왔어요."

나의 얼굴을 보더니 그냥은 도저히 안될 것 같은지

"얼마 드리면 백만 원짜리 증명서를 떼어 주지요?"

하고 이상한 눈웃음을 지었다. 나는 그에게 소리를 높여 한마디 했다.

"백만 원짜리 증명서가 필요하면 백만 원을 내야지, 무슨 소리를 하는 겁니까!"

그러자 그는 정신 나간 사람처럼 횡설수설했다.

"절이나 성당이나 도둑 심보는 똑같군요. 가만히 앉아서 백만 원을 챙기려고 덤벼들면 안되지요."

적반하장이라고 해야 할까, 어불성설이라고 해야 할까.

기부금 납입 증명서는 종교 단체에 1년 동안 기부한 돈을 증명해 주는 용지로써 일정비율로 세금 혜택을 받는 데 쓰인다. 그러다 보니 이 기부금 납입 증명서가 가짜로 발급되는 사례가 많아진 것이다.

세금은 나라와 지방자치단체의 살림을 꾸려 나가는 재원이 되는 것이므로 납세자들이 자부심을 가져야 함에도 불구하고, 이렇게 사람들이 세금을 덜 내려는 생각을 갖는 것은 그만큼 봉급자만 지금까지 상대적 손해를 보아 왔기 때문이다.

세무당국에서는 한 푼 두 푼 월급으로 살아가는 서민들의 세금에 신경 쓰기보다 수십억, 수백억씩을 로비 자금으로 펑펑 써대는 손 큰 사람을 더 잘 살펴야 한다.

그리고 종교를 갖고 있는 신앙인들은 자기가 기부한 돈 이상의 증명서를 요구해서는 안된다.

사실 종교를 갖고 있는 사람들에게 이런 혜택을 주는 것 자체가 불합리하다.

4 장

본래로 밝게 비추나니
스스로 눈을 떠보세

고양이의 번뇌

어느 신도가 고양이 한 마리를 놓고 갔는데, 그 고양이는 스님들을 곧잘 따랐다.

보통 고양이는 성질이 고약해서 잘 해주다가도 한 번만 야단치면 겁을 먹고 도망가 버린다. 그래서 은혜를 모르는 동물이라고까지 말하는 것이다.

그런데 이번에 생긴 고양이는 좀 달랐다. 스님들이 어디 나갔다 돌아오면 반가워서 어쩔 줄을 모른다. 이리저리 뒹굴면서 앞으로 갔다 뒤로 갔다 야단이다.

처음에는 제법 음식 투정도 하더니 점점 식생활을 개선해 나갔다. 스님들이 먹는 나물 반찬을 먹는 데도 익숙해졌다. 밥이랑 콩나물로도 만족할 줄 알았다.

1년 정도 지났을까!

고양이를 두고 간 신도가 멸치 대가리를 조금 가져왔는데 고양이는 신통하게도 본 척도 하지 않았다. 스님들이 다들 고양이 머리를 쥐어박으면서

"이놈아, 생각 잘했다. 절에 있으면서 육식하면 안

되지."

하고 칭찬 아닌 칭찬을 해주었다.

그러던 어느 날. 고양이한테 문제가 생겼다. 초저녁부터 담벼락 밑을 "야옹 야옹"하면서 울고 다녔다. 밤 12시가 되어도 그칠 줄 몰랐다.

배가 고파 그러는 줄 알고 몇몇 스님들이 나가서 시래기 국 건더기를 짜서 주었다. 그런데 다 먹고는 조금 있다가 또 울기 시작하였다.

이때, 절의 허드렛일을 하며 함께 사는, 좀 모자라는 팔 푼이 처사(處士)가 나와서 고양이를 쓰다듬더니 '킥킥' 하고 웃기만 할 뿐, 말을 안했다.

스님들이 다그쳤다.

"왜 어디 아파서 우는 거요?"

처사는 연방 킥킥거리며 대답했다.

"이 고양이가 남자 생각나서 발광을 하는 겁니다."

암내(발정)를 낸 것이다. 처사는 자기 방으로 가면서 뭐 가 좋은지 입을 실룩거리면서 또 한마디했다.

"스님들! 신경 쓰지 마세요. 저 고양이 지금 보니 번뇌 덩어리입니다."

이 말에 스님들도 갑자기 웃음보가 터졌다.

이 부문에 관한 한 그 처사는 팔푼이가 아니었다.

열 푼 하고도 반이었다.

어느 전도사

정릉골 동산 선원에서였다.

방문을 열어 놓고 차를 마시면서 봄 동산을 감상하고 있었다. 저절로 시상(詩想)이 떠오를 만큼 경치가 그렇게 아름다울 수가 없었다.

꽃들 어울려

좋을시고,

한바탕 놀이하니

하늘빛은 따사로워

부엉이 즐거이 소리하네.

정릉골 바위산에

어느덧

새움이 트니,

진진찰찰

화엄의 세계!

여기가 바로 비로자나불,

생명의 고향.

분위기를 깨고 예고도 없이 웬 남자가 마당에 들어섰다.

민가(民家)인 줄 알고 들어온 전도사였다. 그는 자기 신분을 밝히고는

"스님, 부처님이 있다는 것을 당장 증명해 보세요."

하고 다짜고짜 시비를 걸었다.

나는 들었던 찻잔을 놓으며 아무 말없이, 정원과 앞산에 만개한 꽃들과 그 위를 폴폴 나르는 새들을 손가락으로 가리켰다.

그는 내 손가락에 무엇이 붙었는가 싶어 유심히 살폈다.

"야, 이 멍청한 사람아, 손가락을 볼 게 아니라 손가락이 가리키는 것을 보시오!"

전도사는 고개를 돌려 앞을 바라보았다. 아직도 뭔가 감이 안잡히는 것 같았다.

"전도사 양반, 저 꽃들의 웃는 모습과 새들의 노랫소리가 느껴지지 않소?"

그는 멍하니 넋을 잃은 듯 섰다가 달리 할 말이 없던지

"천국은 저것보다 훨씬 좋습니다."

하고 되는 대로 중얼거리고는 휙 나가 버렸다.

공옥진 여사

큰절 산내(山內)의 작은 암자에 공옥진 여사의 공연이 있다는 현수막이 산문(山門) 근처 소나무와 소나무 사이에 걸렸다.

마침 점심 공양 시간 이후의 휴식 시간에 이루어지는 공연이었으므로 잘된 일이었다.

선방 스님들은 삼삼오오, 이글거리는 태양을 지고 40분이나 걸려 암자에 올랐다. 승복의 윗저고리 등짝까지 땀이 배어 나왔다.

관객은 많지 않았다. 주로 할머니들이었다.

공연이 막 시작되었다.

'아쟁'의 청아한 음률이 산자락을 따라 허공 가득히 울려 퍼졌다. 공옥진 여사는 그 허공 속으로 뛰어들었다.

소리 하나 하나에 혼이 들어 있었고 그 메아리치는 혼의 여울이 관객의 가슴에 파고들었다.

금방 우리들은 하나가 되었다.

그의 연기는 때론 살얼음을 걷듯 조심스럽기도 하고 때

론 성난 파도와 같이 출렁이기도 하였다.

가히 오장 육부에서 흘러나오는 열정적인 예술이었다. 몸과 입과 마음이 함께 하는 격정 그 자체였다. 꼭 내가 심청이가 되고 또 내가 심봉사가 되었다. 우리들은 그가 울면 우리도 울고 그가 웃으면 우리도 웃었다. 얼마나 우스운지 눈가에 눈물이 고일 정도였다. 울음인지 웃음인지도 몰랐다.

시골 할머니, 어린 꼬마, 동네 아주머니, 선방 스님들 할 것 없이 모두 하나가 되어 아낌없는 박수 갈채를 보냈다.

예순이 넘어선 노인네가 그 찌는 듯한 더위에도 아랑곳하지 않고 감동적일 만큼 최선을 다하였다.

공옥진이란 이름 석 자도 기억할 만한 사람들이 못 되는 대부분의 할머니들 앞에서, TV에서나 한번 볼 수 있는 그 인기있는 사람이 암자 한 모퉁이에서 고작 수십 명의 관객을 두고 그토록 화려하게 자기의 모든 것을 보여 줄 수 있을까!!

그런데 그는 심청전이 끝나고 이런 말을 했다.

"저는 보름 전에 담석 수술을 했습니다. 저는 7년 전 첫 수술을 할 때 이미 죽은 몸이나 다름없었습니다. 저는 이만큼이라도 살아서 활동할 수 있음을, 부처님께 감사드립니다."

그는 그 차분하고도 조용한 음성으로 사람들을 울렸다. 소리없는 눈물 바다가 되었다. 다들 손수건을 꺼내 흐르는 눈물을 훔쳤다.

그는 금방 분위기를 바꾸어 동물 춤과 각설이 타령으로
관객들을 흥분시켰다.

끝내 모두가 일어서서 손을 잡고 덩실덩실 춤을 추었다.

무엇이 이토록 인생을 즐겁게 하는가!

공옥진 여사는 온몸이 땀으로 범벅이 되었다.

生死涅槃常共和…
(생사열반상공화) : 생사와 열반이 서로 같은 모양일세.

철사줄 머리카락

대중 처소에 면도날 하나로 열다섯 명을 삭발하는, 삭도 질의 명수(名手) 스님이 있었다.

그 스님이 내 머리를 삭발하고는 투덜투덜대었다.

"우학 스님 머리카락은 철사줄입니다. 다음 사람 머리는 못 깎겠습니다."

겨우 여섯 명을 더 깎고는 면도날을 갈지 않으면 안되었다. 다들 한마디씩 했다.

"우학 스님은 얼마나 고집이 세면 머리카락이 철사줄일까? 죽을 때까지 흰 머리카락 하나 없을 걸세."

그 뒤로 나는 언제나 면도날을 아끼기 위해 맨 끝에 삭발을 하였다.

그 이후 좋은 자동 기계가 나와서 혼자서 머리를 깎는데 별 불편함이 없게 되었다. 머리카락이 뻣뻣하니까 기계로 깎기에는 더 쉽다.

어느 날 삭발을 하는데 흰 머리카락 하나가 큰 소리를 내고 툭 떨어졌다.

"이럴 수가!"

깎은 머리카락을 이리저리 뒤적이니 하나가 더 있었다.

흰 머리카락 하나 나지 않을 거라고 했는데 두 개나 났으니 충격적이었다.

나는 그 두 놈을 그 날의 일기장에 테이프로 붙였다. 그리고 그 아래에 덧붙였다.

"이제 벌써 늙어 가는데 공부한 것은 없고 참으로 안타깝도다. 머리 더 세기 전에 부지런히 정진해야겠네!"

그로부터 나는 머리카락을 깎으면서 흰 머리카락 찾는 것이 취미가 되었다.

그런데 기이한 일이 생겼다. 처음 흰 머리카락을 발견하고 넉 달쯤 후에 그 흰 머리카락이 어디론가 사라져 버렸다.

그날 일기장에

"흰 머리카락 사라지니 오히려 섭섭하도다!"

라는 글귀를 남겼다.

이 히 히 히…

깊은 산.

적막감이 흐르는 산사(山寺)의 심야.

하룻밤 머물다 떠나는 객실 한쪽에서 큰 사건을 발의하는 사람이 있었다.

"대중들, 들어 보시오! 내가 지금 짜장면이 무척 먹고 싶소. 혹시 내 제안이 그럴듯하고 가상하거든, 내일 낮에 짜장면 한 그릇씩만 사 주시오."

저번 철에는 어디서 공부했으며 대중은 얼마였고 어느 쪽으로 갈 것이라는 등 여러 수행담으로 이야기꽃이 무르익어 갈 무렵이었다.

모인 선객들이 갑자기 무슨 일인가 싶어 그 스님을 쳐다보았다.

"내가 지금 이 아래 20리 밖에 있는 화장터에 가서 시체가 놓이는 그 자리에 이 노끈을 묶어 놓고 오겠소. 내일 대중 스님들은 확인해 보시고 내 담(膽)이 크다고 생각되면 객비(客費)로 짜장면 한 그릇씩만 사 달라 이 말씀입니다."

갑자기 산천이 떠나갈 듯 웃음 바다가 터졌다.

여기 저기서

"좋습니다. 좋소. 갔다 오시오!"

재창 삼창이 터졌다.

생사(生死)가 둘이 아닌 도리를 배우고 있는 스님들은 곧잘 이런 장난을 한다.

한 시간이 훨씬 지난 후….

스님은 땀을 뻘뻘 흘리며 무엇에 크게 놀란 기색으로 방문을 열어제쳤다.

"바보, 못 갔구나. 노끈 보니까."

"스님들! 거기 귀신이 있더라! 막 이 노끈을 묶으려 하는데 머리가 놓이는 쪽에서 '뭐 하러 왔노' 하고는 무엇이 움직였어!"

"……"

한 스님이 신기한 듯

"우리 그럼, 한번 가 보자!"

하고 제의했다.

스님들이 앞뒤로 촛불을 치켜들고 야밤에 귀신을 잡을 거라고 행진하였다. 화장터에 당도하여 화구를 막 여는데 안쪽에서 "이 히히히" 하고 이상한 웃음 소리가 났다.

한 스님이 고함쳤다.

"너, 진짜 귀신이냐?"

안쪽에서 대답했다.

"여기는 내 집이야. 오늘따라 웬 사람이 이렇게 자주 방문하지?"

알고 보니 그는 귀신이 아니라 산 아래 성지 마을을 떠도는 약간 맛이 간 거지였다. 겨울이라 찬바람을 피해서 거기 기거하는 모양이다.

돌아서 오면서 한 스님이 인사를 했다.

"민폐를 끼쳐서 죄송합니다. 잘 주무시오"

그날 밤에는 많은 이야기가 오고갔다.

"그 거지가 무애도인(無碍道人)인가?"

"내일 우리 짜장면이나 한 그릇 공양 올리자."

"겨울에는 뭐니 뭐니 해도 따뜻한 것이 최고야!"

理事冥然無分別…
(이사명연무분별) : 진리와 현상은 은은하여 분별 없으니

선 방

선방.

전통적인 우리 승가(僧伽:절 집안)에서는 결제(結制)와 해제(解制)를 꼭 지킨다.

결제 기간은 다시 동안거(冬安居)와 하안거(夏安居)로 나누어지는데, 동안거는 겨울의 수행 기간으로 음력 10월 보름에서 다음해 정월 보름까지 이루어지며, 하안거는 여름의 수행 기간으로 음력 4월 보름에서 7월 보름까지 이루어진다. 결제 기간을 안거라고도 하며 안거가 시작되면 일체 출입이 통제된다.

자기가 이번 철에는 어느 선방에서 좀 수행해야 되겠다고 결심이 서면 그쪽에 미리 방부(榜付, 房付)를 드려야 한다. 특별한 조건은 없지만 이미 인원이 찼으면 방부를 드릴 수 없다. 각 선방은 결제일 전날 용상방(龍象榜)을 짠다. 용상방을 짠다는 것은 한 철을 살기 위해 여러 소임자(所任者)를 정한다는 것이다.

대중 전체를 통제하는 스님, 차 끓이는 스님, 큰방 청소하는 스님, 병을 간호하는 스님, 우물 청소하는 스님, 화장실 청소하는 스님 등.

절이 유지되기 위해서 필요한 모든 소임자가 스스로의 자원(自願)에 의해서 결정된다. 신기한 것은 화장실 청소 등 궂은 일이 가장 빨리 결정된다. 자기 업장을 닦는 데는 궂은 일일수록 좋은 것이다. 물론 소임이 없는 사람은 아무도 없다. 그리고 묵언(默言)을 할 사람은 그때 대중 스님들에게 신고해야 하는데 웬만하면 다 승락이 된다.

그리고 전체 인원을 딱 반쪽씩 해서 상판(上板) 스님과 하판(下板) 스님으로 나눈다. 주로 절에 들어온 햇수, 즉 법랍(法臘)을 기준으로 위에서부터 절반이 상판에 앉게 되고 그 아래 절반은 하판에 앉게 된다. 물론 앉는 자리도 법랍의 서열에 따라 정해지는데 이를 좌차(座次)라고 한다.

만일 이런 좌차의 개념이 없으면 질서가 없어서 공동 생활이 거의 불가능할 것이다.

상·하판의 스님들은 횡대의 열을 지은 상태에서 벽을 보고 서로 돌아앉는다. 즉 면벽(面壁) 참선을 하게 되는 것이다.

하루종일 참선을 하다 보면 제일 문제가 혼침(惛沈:잠이 쏟아짐)과 도거(掉擧:쓸데없는 생각)이다. 혼침과 도거를 이길 장사만 있다면 일은 거의 해결된다. 혼침과 도거를 이기기 위해 포행(布行:걸어 다니며 참선 함)을 하고 때로는 장군 죽비를 사용한다.

이런 수련은 3개월이 기본이다.

보이지 않는 힘

늘 보면 어느 집단에서나 불평 불만을 터뜨리는 사람이 있게 마련인데 선방도 마찬가지이다.

어느 선방에서 상판 끝에 앉은 선혜라는 스님이 있었는데 그는 윗사람에 대한 불만이 많았다. 늘 뽀로통해 있었다. 문제는 정진이 잘 안되어서 그렇다.

한번은 지대방(수행 정진하다가 잠시 쉴 수 있는 방)에서 상·하판 여러 스님들이 있는 가운데 그가 말을 꺼내었다.

"요즘 선배 스님들은 공부(참선을 말함)에 대한 이야기나 지도를 해주지 않습니다. 좌차라는 것은 선배 고참 대접만 받으려고 만들어 놓은 것입니까?"

그 소리를 듣고 하판에 있는 스님들이 벌떼처럼 일어났다.

"그러면 선혜 스님은 우리들에게 지도해 준 것이 뭐 있습니까? 스님같이 하판 스님들에게 무관심하고 무시하는 스님 없습니다. 스님부터 먼저 반성하십시오."

선혜 스님은 그제서야 비로소 자신의 잘못됨을 크게 느

끼고 대중 앞에서 참회했다.

"제가 스스로는 후배들을 잘 돌보지 못하면서 고참 선배님들께 불만을 가지고 대들었던 점을 깊이 참회합니다."

자신의 허물을 인정하고 참회하는 모습이 바로 우리 절 집안의 보이지 않는 힘이다.

十佛普賢大人境…
(십불보현대인경) : 열 분의 부처님과 보현보살 경지일세.

그 한사람

큰절 대중 소임 가운데 '화대'가 있다.

화대(火臺)란 불을 지피는 책임을 맡은 사람이다.

대중 스님들이 늘 따뜻하고 적정한 온도에서 정진할 수 있도록 난방 관리를 하는 일은 대단히 중요한 일이다. 아침에 방 안의 공기가 차다 싶으면 누가 말하기 전에 알아서 불을 지펴야 하고, 저녁이라고 해서 너무 많이 불을 지펴서도 곤란하다.

여름철에도 '화대'는 필요하다. 방바닥이 눅눅할 때나 장마철에는 가끔씩 불을 지펴야 실내 공기가 산뜻하고 호흡기 질환도 걸리지 않는다.

요즘은 거의 모든 대중 처소에 보일러를 시공해 놓아 아주 편리해졌다. 손가락 하나면 언제든지 방 안 온도를 높일 수 있다.

선입견일 수도 있지만 그래도 장작으로 불을 지핀 온돌방에 자야 온몸이 개운하고 피로가 풀리는 것은 부인할 수 없는 사실이다.

어느 선방에 있을 때 '지일'이라는 수좌가 '화대'를 맡았다.

지일 스님은 성질이 좀 괴팍스러운 데가 있어서 대중들이 늘 못마땅해 했다.

주제넘게도 전체 규율을 통제하는 입승(立繩)의 소임에 관여하는 것을 비롯, 자기가 무슨 입승 소임자인 양 전체 모든 일에 걸쳐서 입을 대지 않는 데가 없었다. 몇 차례 입승 스님께 건의를 드려서 입승 스님이 당사자에게 경고를 했는데도 '쇠귀에 경 읽기'였다.

자기 소임은 겉보기에는 하자가 없이 처리하는 것 같은데도 늘 대중 스님들의 심기를 건드렸다. 방에 불을 지피는 핑계로 자기 마음대로 정진 시간을 빼먹기 일쑤였다. 그리고 장작도 조용히 내려 놓는 것이 아니라 온통 동네가 시끄럽도록 부엌에 내동댕이쳤다.

'오로지 한생각.'

오로지 한생각으로 화두(話頭:깨달음을 얻기 위해서 마음 속에 가지고 있는 숙제)만을 챙기는 사람들에게 있어서 사소한 일들이 얼마나 신경이 쓰이는지 모른다.

더욱이 지일 스님은 편지 쓰고 편지 받아 보는 것이 취미였다.

정해진 정진 시간을 빼먹는 일도 용납되지 않는 일이었지만, 그 시간에 편지를 쓰다가 발각이 되었으니 대중 스님들이 가만히 있을 리가 없었다. 선방 수좌에게 있어서는 가당치도 않는 일이었다. 쓸데없이 종무소에 들락거리면

서 '언제 답장 편지 오나' 기다리는 그 꼴을 대중들은 보기
가 역겨웠다.

드디어 공사(公事:대중들의 의견을 수렴하는 회의)에 붙여
졌다.

퇴방(退房) 조치였다.

지일 스님은 바로 짐을 싸서 떠났다.

그 한 사람이 없어지고 나니 온 선방이 조용하고 평화스
러웠다.

能仁海印三昧中…
(능인해인삼매중) : 능히 인(仁)을 행한 해인삼매 가운데에

177

흉 내

해제 기간에는 좀 자유스럽다. 그래서 걸망 하나 달랑 둘러메고 여기저기 돌아다녀 본다.

돌아다니는 것이 공부다.

이런 의미에서 만행(萬行)이라고 하는 것이다.

한참 다니다 보면 그것도 지겹다.

자유도 구속되어 있을 때 그리운 법이다.

결국 제자리로 돌아와 방석 위에 앉는다.

방석 위에 앉아 가부좌를 틀고 있는 것이 최고로 편하다. 없던 신발이 댓돌 위에 하나 놓여지면 조실 스님께서 문을 열어 보신다.

꾸벅꾸벅 졸고 있는 납자(衲子: 누더기를 입은 수행자)의 모습을 살피시고는

"그래 보기 좋다. 졸거나 말거나 흉내라도 내라. 부처 흉내내면 결국 부처 안되겠나."

하시며 살며시 문을 닫으신다.

칭찬이 반이요, 꾸지람이 반이다.

똥보다 못한 것

자기 딴에는 '참선합네' 하면서 다른 신도들에게 무게를 잡는 보살이 있다.

한번은 새벽같이 와서는 자기가 큰 지혜를 얻은 것 같으니 들어 보라는 것이었다.

"스님, 옛날 옛날 초등학교 5학년 때에 옆짝 이름이 드디어 생각났어요. 아무리 기억하려고 해도 안되더니 어젯밤에 참선하면서 알아냈어요. 참선 참 영험있네요. 스님, 제가 깨달은 거지요?"

"보살, 그것은 똥보다 못한 도거(掉擧:쓸데없는 생각)라는 것이요."

참선을 한다는 어설픈 초심자들은 이리저리 잡생각만 하다가 시간을 보낸다.

우리들이 활동을 할 때는 엎드려 있던 의식들이, 생각이 쉬고 활동이 쉬면 비 온 뒤의 죽순처럼 삐죽삐죽 올라온다.

수십년 전에 빌려준 돈도 생각나고 어릴 적 고향의 순이 생각도 난다.

과거의 일뿐만이 아니다. '현재 그 친구는 무얼 하고 있을까, 해제비는 얼마나 줄까, 늙어서 아프면 어떻게 하나' 등등 별 생각이 다 날 수도 있다. 순식간에 기와집을 짓기도 하고 빌딩을 짓기도 하면서 망상이란 망상은 다 동원한다.

이를 도거라고 한다. 참선에 있어서 도거는 똥보다 못하다. 똥은 거름이라도 되지만 도거는 아무 쓸 데 없다. 아무 쓸 데 없는 생각들을 우리 중생들은 심각하게 되새기는 경우가 많다.

그러면 참선이란 무엇인가?

오직 화두만 잡을 뿐, 일체 망상을 지어서는 안된다.

이런 입장에서는 기도도 마찬가지이다.

오직 관세음보살을 생각할 뿐, 일체 다른 생각을 해서는 안된다. 즉 '관세음보살님이 진짜 계실까? 관세음보살님이 도와 주실까?'하고 생각하는 순간 기도는 끝이다. 또한 염주를 돌리고 절을 하면서도 생각은 미국행, 프랑스행인 경우에도 기도의 영험은 십만 팔천 리로 도망가 버린다.

처음 선방에서 지낼 때의 일이다.

선방에 들어간 지 이틀 만에 가사 (밤색 천의 전통 법의)와 장삼 (겉옷에 걸쳐입는 소매가 넓은 옷)을 수 (드리운다, 입는다는 뜻)하고 염화실 (방장 스님이 거처하는 방)의 문을 두드렸다.

"방장 스님, 제가 무자 (無字) 화두를 풀었습니다."

"그래! 말해 보아라"

"개에게도 불성 (佛性)이 있습니까 하고 물으니 조주 스님 께서는 불성이 없다고 말했습니다. 제가 생각해 보니 찾아온 젊은 스님이 개에게 불성이 있는 줄 알고 물으니 조주 스님이 일부러 없다고 하신 것 같습니다. 아무리 궁리를 해보아도 이 이상 답은 없습니다."

갑자기 뺨에 불꽃이 튀겼다.

"화두는 망상이 아니야!"

후일 생각을 해보니 양 뺨을 다 맞아야 될 일을 한 뺨만 맞았더라.

구병시식

시내에서 그리 멀지 않은 법안사.

해거름에 두 내외로 보이는 남녀가 택시에서 내렸다.

여자가 남자를 부축하고 발자국을 옮기는 모습을 보니 남자가 몸이 많이 안좋은 것 같았다.

힘겹게 마당을 들어서는데 과연 남자는 안색이 좋지 않았다. 머리는 헝클어져 있고, 눈은 충혈되어 꼭 잠자다가 일어난 사람 같은 형색이었다. 비틀비틀하면서 내가 서 있는 마루까지 왔다. 여자가 말했다.

"스님, 사람 하나 살려 주십시오. 이 사람이 저의 남편인데 잠을 못 잔 지 벌써 몇 달쨉니다. 그 건강하던 몸이 이제는 거동도 하기 힘들 정도니 큰일이지요. 이 사람은 늘 몸이 시름시름 아프다고 합니다. 때로는 한기를 느끼기도 하고 때로는 식은 땀을 흘립니다. 그리고 매일 밤 12시쯤 되면 '살려달라'고 소리를 치며 괴로워합니다."

못 죽어서 살아가는 것처럼, 그냥 보기에도 별 재미없어 보였다.

계속 이야기를 들어 보니 약이란 약은 다 써 보았고, 이 근처의 웬만한 신경정신과 의사는 다 만나 보았고, 한동안 병원에 입원도 해 있었지만, 차도가 없어서 몇 주일 있다가 나와 버렸다고 했다.

　여자가 다시 물었다.

　"스님, 무슨 시식이라고 있다면서요?"

　"예, 구병시식(救病施食)입니다."

하고 일러 주었다.

　환자를 내 방으로 불러들여 몇 가지 시험을 해 보았다. 환자는 신기(神氣)가 있었다. 몸에 원귀 또는 잡신이 붙어서 자기 본정신(本精神)은 힘을 못하고 있는 것이었다.

　이미 많은 무당을 찾아다닌 흔적이 역력했다. 무당이 하는 푸닥거리는 임시 진통제 같은 성질이 있어서 잠시 괜찮은 것 같으나, 얼마 지나면 또 발동이 걸려서 몸이 전처럼 아픈 것이다.

　즉, 무당들은 몸에 붙은 잡신에게 음식을 주고, 달래 주기는 해도 완전히 천도시키지는 못하므로 그 어느 기간이 지나면 잡신이 또 양식을 요구하는 것이다. 무당도 역시 신이 내린 것이므로 큰 신이 작은 신에게 좀 나눠 주는 것이다.

　그런데 몸에 붙은 잡신은 점점 간이 커지고 요구량이 많아지면서 겁이 없어지는데, 욕심을 채우지 못하면 더욱더 심한 고통을 주는 것이다. 그리고 끝내 자기가 일시 의탁해 있는 몸을 말려 죽인다.

중음신, 즉 잡신은 우리 중생들과 다를 바가 없어서 만족할 줄을 모르고 끝없는 욕심을 낸다. 나중에는 그 몸을 죽여야 직성이 풀린다.

그런데 여기서 본정신, 즉 자기 정신이 완전히 항복을 하고 무당을 통해서 신을 받아 버리면 아프지는 않게 된다. 그 대신 그는 무당이 되어 기구한 팔자로 살아가는 것이다. 무당들이 백이면 백 모두 그것을 하고 싶어서 하는 경우는 없다.

인간들이 자기 의지가 강하고 늘 정법을 의지하면, 이렇게 본의 아니게 신 때문에 문제가 되지는 않는다. 그런데 자기 본래 정신을 망각하고 신에 의지하는 마음이 많으면 결국은 잡신이 들어와 몸이 아프고, 때로는 무당이 된다. 그러므로 평상시의 생각과 생활 방식이 얼마나 중요한지 모른다.

자기 정신을 가지고 살아야 좋겠는가, 남의 신으로 살아야 좋겠는가는 어리석은 물음일 것이다.

아무튼 나는 준비물 몇 가지를 일러 주고 다음날 오도록 하였다.

이튿날 밤.

절에서 공부하는 학생들을 바깥에 대기시켜 놓고 아는 스님과 함께 구병시식을 시작했다.

구병시식은 신이 들린 사람을 앉혀 놓고, 그 신으로 하여금 모든 원한과 애착을 버리게 해서 그 몸에서 떼어 내는 의식이다. 그리고 그 떼어 낸 신을 결국 천도하여 좋은 극락 세계로 보내는 것이다. 구병시식을 잘못하면 오히려 의식을 하던 스님이 그 신이 들리고 환자는 낫는 경우도 있다. 그래서 스님들이 웬만해서는 구병시식을 잘 하지 않는다.

막 의식이 시작되고 10여분이 되니 환자는 연방 하품을 해대며 못 견뎌 하였다. 그러더니 갑자기 상을 뒤집어엎어 버리고는 뛰어나갔다. 바깥에 있던 학생들이 잡으려고 따라붙었다. 그 힘없던 사람이 어디서 그런 힘이 솟구치는지 장정 서너 명이 한 사람을 이기기 힘들 정도였다.

학생들이 옷을 찢겨 가면서까지 붙잡아 데리고 와서 다시 앉혔다. 손목을 교차해서 묶어 놓고 한 스님이 뒤에서 꽉 끌어안았다.

의식은 계속 되었다.

거의 끝 무렵에 가니 환자는 '지독한 스님들 때문에 나 죽는다. 숙모가 가야겠다'하고 고함을 지르면서 온갖 발광을 부리다 입으로 거품을 뿜어내더니 옆으로 푹 쓰러져 누웠다.

신이 떨어져 나간 것이다. 무당한테서 닳아빠진 신이 되어 떼어 내기도 힘들었고, 천도도 무척 힘들었다.

다음날 아침 환자의 아내가 뛰어왔다.

"스님, 환자가 어제는 아주 곤하게 잘 잤습니다. 몇 달만인지 모릅니다."

지금까지 근 한 달 동안 물 이외에는 뭘 잘 먹지 않았다고 했으므로, 나는 미음을 좀 끓여 주도록 했다. 그랬더니 신통하게도 미음 한 그릇을 다 비웠다.

환자의 눈을 보니 살기가 많이 빠졌다. 눈동자가 많이 부드러워졌다. 신기가 있으면 눈이 좀 이상하고 살기가 있는 법인데 상태가 많이 좋아진 것이다.

환자의 몸에 들어왔었던 신은 오래 전에 죽은 숙모였다. 숙모는 교통사고로 한동안 병원 신세를 지다가 고통스럽게 세상을 떠났단다. 그런데 자식들도 어리고 해서 당시에 49재도 올려주지 못하고 대충 장례를 치렀는데, 그 영(靈)이 중음신이 되어 조카의 몸에 붙은 것이었다.

이렇게 먼저 죽은 친척이 살아 있는 사람에게 접근하는 것은 영혼 자신도 감당하기 힘든 집착 때문이다.

그것이 원수를 갚기 위한 집착이든, 무슨 미련 때문에 생긴 애착이든 간에, 49재 또는 천도재를 지내는 근본 목적은 영가가 특히 갖기 쉬운 착(着)을 끊어 내는 것이다. 착만 없으면 극락세계로 가기가 수월하다.

환자는 신기운이 빠지니 처음에는 힘이 없어 계속 잠을 자다가 차차 정상생활을 회복해 갔다.

나는 그에게 숙모의 극락왕생을 발원케 하고, 그런 잡귀가 다시는 몸에 범접하지 못하도록 금강경 공부를 시켰다.

그는 숙제를 내준 대로 독경하고 사경하면서 수행을 게을리하지 않았다.

두 달이 지나자 몸도 완쾌되어 하던 사업을 계속할 수 있게 되었고, 가정에도 평화가 다시 찾아들었다.

만두 빚기

만두를 빚어 먹기로 했다.

산중에 살다 보면 입이 궁금해서 별미를 먹고 싶어질 때가 있는 것이다.

선방 대중이 잠시 시간을 내서 만두 울력(집단노동)을 하게 되었다.

한쪽에서는 만두소를 만들고, 또 한쪽에서는 밀가루를 반죽하여 밀고 다른 한쪽에서는 만두소를 넣어 싸는 일을 한다.

수십 명이 여기저기 둘러앉아서 한 방 가득히 만두를 빚는 모습은 참 장관이 아닐 수 없다. 물론 노소도 없다. 정진할 때는 한마디 말도 허용되지 않지만 이런 시간에는 제법 시끌벅적하다.

만두소는 다 식물성으로 한다. 두부를 잘게 부수어서 거기에 숙주나물이랑 시금치를 넣어 적당히 배합한다. 잣이랑 참깨도 조금 넣으면 맛이 그저 그만이다.

밀가루는 반죽을 잘 해야 한다. 몇 번이고 밀가루를 뭉

쳐가면서 두들겨야 한다. 힘이 든다고 해서 대충 반죽을 해 놓으면 만두소를 감싸는 만두피가 제 역할을 못한다.

반죽된 밀가루를 밀어서 펼 때는 너무 얇아도 너무 두꺼워도 안된다.

적당이란 것이 참 중요하다.

마지막 단계인 만두소를 넣어 완제품을 만들 때 스님들은 장난기가 살아난다.

짓궂은 젊은 스님들은 준비한 만두소 대신에 차담으로 내놓은 귤을 그 속에 넣는다. 심지어는 귤 껍질을 넣기도 한다. 어림잡아 한 그릇에 하나는 들어갈 정도로 사이비 만두를 많이 만들 때가 있다. 어른 스님들이야 그 사실을 알 리가 없다.

드디어 공양 시간이다.

'딱딱딱' 세 번 죽비가 쳐지면 공양이 시작된다.

절에 있어서 공양 즉 식사는 먹는 과정 자체가 엄숙하다. 서양식 식사는 서로 말을 주고받으며 세월 없이 앉아서 밥을 먹지만 동양식 식사 특히, 절의 식사법은 그렇지 않다.

다소곳이 앉아서 식사만 해야 한다. 일체 말을 해서도 안되며 두리번거리며 살펴서도 안된다. 물론 돌아다니는 것은 더욱 안된다.

일단 배분된 밥과 반찬은 모자라든 남든 자기가 다 처리해야 한다.

식사를 하면서 앉는 순서도 다 정해져 있다. 방장 스님 (종합 수도 도량인 총림이 개설되어 있는 곳의 최고 어른)이 제일 상석이 되고 그 아래 소임과 법랍, 나이를 고려해서 좌차 (앉는 순서)가 정해진다. 진지(공양을 배분함)를 할 때는 상석 부터 차례로 한다.

만일 수백 명 스님들이 함께 공양을 하는데 이런 법도가 없다면 어떻게 되겠는가. 누가 한마디 하지 않아도 공양은 질서에 의해서 순조롭게 이루어진다.

바루(스님들이 사용하는 식사그릇으로 4개가 한 세트임) 펴는 소리만 좀 크게 나더라도 어른 스님들은 '여기가 옹기점이냐' 시며 야단을 치신다.

공양은 되도록이면 빨리 먹어야 한다. 어른 스님들은 공양을 많이 드시지 않기 때문에 빨리 수저를 놓으신다. 어른 스님들께서 수저 놓는 시각이 공양 끝나는 시각이므로 여간 서두르지 않으면 안된다.

어른 스님들 생각은 밥을 많이 먹으면 졸리고 공부가 안되니까 적게 먹도록 유도하시는 점도 있다. 명절 같은 때에는 아래 스님들이 많이 드시라고 속도를 아주 늦추어 주실 때도 있다. 어느 쪽이든 모두가 다 젊은 스님들을 위한 자상하신 배려이다.

아무튼 절마다 밥먹는 속도가 각기 다른 것은 그 절의 어른 스님들의 공양하시는 속도가 다르기 때문이다.

오늘처럼 이렇게 대중 스님들이 울력해서 만두 공양이

준비되면 어른 스님들께서도 흐뭇해 하신다. 젊은 스님들
은 또한 '어른 스님들이 그 사이비 만두를 씹으시면 어떻
게 하실까' 하고 기대 반 걱정 반으로 재미있어 한다.

우리들은 곁눈질해가며 공양을 든다. 이상한 만두가 하
나씩 씹힐 때마다 스님들은 히죽히죽 웃는다.

마침내 방장 스님께서 귤 껍질이 든 만두를 씹으신 모양
이다. 공양을 드시다가 스님께서 한말씀 하셨다.

"만두 속에 이렇게 귤 껍질을 넣어서 삶아 먹으니 비용
도 절약되겠고 감기도 안걸리겠다."

여기 저기서 폭소가 터졌다.

큰스님은 더 이상 나무라지 않으시고 애교로 봐주신다.

관세음 보살을 닮은 여자

　세수 58세 되시는 우리 선방의 선덕 스님은 얼굴도 동안
(童顔)이시지만 마음 씀씀이가 꼭 티없이 맑은 어린애와
같다.

　고향 황해도를 생각하면서 당신이 직접 지으셨다는 고
향노래를 부를 때는 제법 그럴듯하게 눈가에 이슬까지 맺
힌다.

　포행(布行) 삼아 가까운 산등성이라도 오르면 그 연세에
신바람이 나서 '야호'를 연방 외치신다.

　지대방에 모인 스님들이 이야기를 해 달라고 졸라대면
스님은 1·4후퇴 때 겪은 전쟁 경험담을 아이들 병정놀이
묘사하듯 입으로 빵빵 총소리를 내가면서 재미있게 구사
하신다.

　간혹 버릇없는 못된 스님들은 '좀 모자란다'고 흉보기도
하지만 나는 늘 스님을 뵈러 갈 때마다 흐르는 물처럼 가
식없고 푸른 하늘처럼 맑다는 느낌을 받는다.

　한번은 선덕 스님이 저만치 서 있는 나를 손짓으로 불렀다.

가까이 다가가니 스님께서 하시는 말씀이 다짜고짜

"우학 스님, 내 따라 갈래?"

하시면서 나를 끌었다.

"스님, 어디 가시는데요?"

"딴 스님 알면 따라붙으니까 가면서 이야기해 줄게."

우리는 터벅터벅 고무신을 끌며 산문(山門)까지 내려왔다.

선덕 스님은 한 달 전 삭발 목욕날에, 그 아래 유원지에 다녀온 이야기며, 그곳에서 만난 관세음 보살처럼 후덕하게 생긴 아주 멋있는 아가씨 이야기를 해주었다. 듣고 보니 결국 그 아가씨를 만나러 가는 것이었다.

전통 승가의 풍습에는 머리를 깎고 목욕하는 날이 딱 정해져 있다. 만일 이 규칙을 이유없이 어기면 그 또한 문책의 대상이 된다. 매월 보름날과 그믐날에 삭발 목욕을 하게 되는데, 이날은 점심 때 찰밥이 나와 채식으로 허기진 배를 채운다. 그리고 오후에는 자유 시간이 주어진다.

바로 지금 시간이 이 시간인 것이다.

유원지까지는 산문에서부터 걸어서 한 시간은 족히 가야 한다. 여기까지 내려 오는데도 등줄기에 땀이 나는 판에 더 가기가 싫어졌다. 나는 쓰고 있던 밀짚 모자를 벗으면서

"아, 덥다. 스님 가지 맙시다. 여자라고 별 여자 있겠습니까?"하고 말했다. 선덕 스님도 이마의 땀을 닦으면서

"덥기는 덥다. 특별히 스님한데 보여 주려고 그러는 거야. 나중에 또 보채지 말고 가자. 사람이 좀 멋이 있어야지, 진짜 아름다운 것도 좀 보고 살어!"

우리는 '터벅터벅' 땀을 콩죽같이 흘리면서 유원지에 도착을 했다. 유원지가 얼마나 넓은지 그 아가씨가 일하는 매장을 스님도 잘 찾지 못하셨다.

아스팔트의 열기는 이만저만이 아니었다.

중간에서 포기할 수는 없는 일이고 일단 아이스크림 하나씩 사먹었다. 삼복 염천에 길거리에서 먹는 아이스크림이 그렇게 맛있는 줄은 처음 알았다. 길 가면서 아이스크림을 물고 다니는 여대생들을 흉볼 필요가 없게 되었다.

우리는 일어서서 서울 김서방네 찾아가듯이 또 여기저기 물으며 샅샅이 뒤졌다.

드디어 그 가게를 알아내었다.

"우학 스님, 인제 됐어. 지금까지 고생한 것 싹 잊혀질거야, 기대해도 좋아."

나는 사실 좀 짜증스러웠다.

"선덕 스님이 보고 싶어 찾아와 놓고는 제 핑계대지 마세요."

스님이 가게에 들어갔다 나오더니

"아—! 오늘은 틀렸다. 비번이란다. 우학 스님한테 미안해서 어쩌지. 내가 아이스크림 하나 더 사 줄게."

예순이 다 된 노인네가 싱글벙글 웃으면서 아가씨 찾으

려고 이집 저집 기웃거리는 그 모습이 오히려 보기 좋았다.

'싱그럽다' 고나 할까.

세상은 이래서 더욱 아름답다.

"선덕 스님, 관세음 보살도 친견하기 힘들지만, 관세음 보살처럼 생긴 아가씨도 친견하기 힘드네요."

繁出如意不思議…
(번출여의부사의) : 여의롭게 나타내니 불가사의 법이로다.

청정 공양

전에 같이 정진하던 명호 스님이 오랜만에 오셨다.

70kg이나 되던 사람이 토굴에서 못 먹었는지 50kg도 안될 만큼 몸이 쇠약했다. 얼굴은 기름기 하나 없이 바짝 마르고 창백했다.

나는 명호 스님한테 통사정을 했다.

"보살님 한 분 오시라고 할 테니 따라가서 특별 공양 좀 들고 오세요. 스님은 원기를 좀 돋우셔야 합니다."

명호 스님은 죽을 정도는 아니라고 하면서 사양했지만 내가 떼를 써서 그렇게 하기로 했다.

마침 아는 '김' 보살이 왔다. 이 김 보살은 평소 늘 하던 말이 있었다.

"스님, 저희들은 매일 고기를 먹습니다. 소 곰을 해서 국 삼아 먹고, 생선은 떨어질 날이 없습니다. 저의 남편이나 아이들은 한 끼라도 고기 반찬이 없으면 먹을 게 없다고 투정을 부립니다. 스님들도 고기를 좀 드시면 힘이 나실 텐데."

나는 김 보살더러 조용히 말했다.

"보살님, 제 도반 스님이 저렇게 몸이 약하니 집에 곰국이 있으면 특별 공양 한번 해드리지요."

"예, 스님. 마침 어제 새로 곰을 끓였습니다."

하고 보살이 좋아라 했다.

"보살님, 몸 아픈 스님 곰국 한 그릇 먹여 놓고 나쁜 소문 나게 하면 안돼요!"

이 말에 김 보살은

"스님, 저를 그렇게도 못 믿으시나요?"

하고 기분 나쁘다는 듯 말했다.

"알겠습니다. 보살님."

나는 바쁜 일이 있어서 같이 가지 못하고 명호 스님만 모시고 가도록 했다.

저녁 시간이 조금 지나서 다른 '박' 보살한테서 전화가 왔다.

"스님은 김 보살집에 안가셨군요."

"무슨 말씀입니까?"

"별게 아니구요. 김 보살이 방금 전화가 왔는데 자기가 스님들 곰국 공양을 올렸다고……. 그런데 스님들이 이상한 공양을 드셨다는 이야기를 들으니 솔직히 신심(信心)이 떨어집니다."

나는 뒤통수를 망치로 얻어맞은 것처럼 띵해 왔다. 그 김 보살이 다른 보살들한테 흉을 본 것인지 자랑을 한 것

인지 알 수 없지만, 참으로 어처구니없는 일이었다.

"박 보살님, 도반 스님이 몸이 너무 쇠약해서 좀 다녀오라고 사정해서 보냈습니다. 이해하십시오."

박보살은 코맹맹이 소리를 내면서

"스님들이 몸이 안좋을 일이 뭐 있습니까? 딴 짓을 하니까 그렇지요."

하고 억지소리를 해대었다. 자기 업대로 생각해 버리는 모양이다. 자기한테 그 부탁을 안해서 질투가 난 것도 같았다.

나는 그냥 두면 계속 시끄러울 것 같아서 송화기에 입을 바짝 대고 고함을 질러버렸다.

"뭐! 보살들이 스님들을 가지고 놀고 있어. 저거는 맨날 고기 묵고, 몸 아픈 사람이 곰국 한 그릇 먹은 게 그렇게 문제 되나. 똥 묻은 개가 겨 묻은 개 나무란다고 하더니 세상 정말 무섭네."

전화를 끊고 10분쯤 지나니 명호 스님이 돌아왔다. 나는 스님한테 차마 전화 이야기를 할 수 없었다.

여자 입이 별나기로서니 스님이 아직 절에 도착도 하지 않았는데 그렇게 떠벌릴 수가 있는가 싶었다.

명호 스님은 아무것도 모르고

"아, 이제 힘이 나는 것 같다. 오랜만이라 속이 깜짝 놀랐을 거다."

하고 배를 만졌다.

공양은 청정 (清淨)해야 한다.

공양을 올리는 그 마음가짐이 청정해야 한다.

공양은 한 그릇 올리고 구업 (口業:입으로 짓는 악업)은 수
십 배, 수백 배로 짓는다면 그 공양을 올려서 무엇하랴.

5장

지혜있는 사람은 세상에
두루하되 집착하지 않는다

자장면 여덟 그릇

스님들은 대부분 면 종류의 음식을 좋아한다.

나는 체력이 달려서 근기가 없는 면 음식을 좋아하는 편이 아니었는데, 살다 보니 맛을 느끼게 되었다.

혹시 만두라도 나오는 날이면 어떤 스님들은 바루마다 가득가득 담아 두었다가 그 다음 공양 시간에도 그걸 먹는 미식가도 있을 정도다.

가을, 비는 부슬부슬 내리는데 옆에 있던 스님이

"스님, 한 가지 부탁이 있는데 들어 줄래?"

하고 말을 걸었다.

"또 무슨 망상 피우려고, 아무튼 말해 봐라."

"짜장면 좀 사주라."

"좋다. 가자."

10리나 걸어서 읍내 중국집을 찾았다. 먼저 한 그릇씩 곱배기로 시켰다.

반쯤 먹었을 때 같이 간 스님이 물었다.

"한 그릇 더 시킬래?"

"나는 됐다."

자기 혼자 추가 주문을 했다. 그런데 깜짝 놀랄 일이 전개되었다.

두 그릇이 세 그릇이 되고, 세 그릇이 네 그릇 되더니, 다섯, 여섯…….

한 그릇씩 추가될 때마다 중국집 종업원과 나는 그 스님 얼굴 한 번 보고, 짜장면 한 번 보고, 서로 얼굴 한 번 쳐다보고…….

드디어 여덟 그릇을 먹어 치우더니

"이제 배부르네."

하고 큰 숨을 한 번 쉬었다. 주방에서 짜장면 만드는 아저씨가 나오더니 존경 (?)의 인사를 했다.

"스님, 대단합니다. 짜장면집 30년에 스님 같은 분 처음 봤심더. 제가 다섯 그릇 만들 때까지는 돈 받으려고 했는데, 오늘 짜장면 값은 제가 내는 것으로 하겠심더. 제가 만든 짜장면을 이렇게 맛있게 먹어 주시니 참 고맙심더."

그날따라 식당에 딴 손님이 없었기에 망정이지 '스님이 짜장면 곱배기 여덟 그릇 먹었다'고 읍내에 소문날 뻔했었다.

스님들은 성질이 단순하고 밀어붙이기를 잘한다.

한번 한다면 확실히 하고, 그리고 거창하게 하는 버릇이 있다. 이를 수좌 기질이라고 한다.

이런 기질이 있어 부처님이 되려고 정진하게 되는지도

모를 일이다. 먹는 음식으로 제대로 비유가 안되겠지만,
아무튼….

바보 상자

강원 (講院:부처님 말씀인 경전을 공부하는 곳)에서 같이 공부하던 혜민 스님이 은사 스님 (恩師:세속의 부모와 같은 역할을 하는 스승 스님)을 돕는답시고 전라도 법융사에 간 지 얼마 있지 않아서 속퇴 (俗退:다시 머리를 기르고 환속함)했다는 소식을 들었다.

혜민 스님은 몸집도 크고 힘도 세어서 가만히 있기만 해도 아랫반 스님들이 주눅이 들어 저절로 통제가 되었다.

본래 사찰이 위계 질서가 분명한 곳이지만 일대시교 (부처님께서 보이신 모든 가르침)를 수학하는 강원은 상, 하반의 선후배 관계가 보통 엄한 곳이 아니다.

무슨 잘못이 있어 상반에 불려 가는 날이면 으레 꿇어앉아 장시간 훈계를 듣는 것은 물론이고 때로는 즉석에서 장군 죽비 (잘못이 있을 때 때리는 절집에서의 매)의 된맛을 보아야 한다.

만일 이런 규율이 없으면, 각자 성 (姓)과 출신지가 다른 사람들이 모여사는 곳에서 자기의 개성만을 고집하려다

집단 자체의 존립마저 흔들리는 것이다.

실지로 이런 규율이 잘 지켜지지 않아서 강원이 깨어지는 경우도 더러 있다. 각자 개성은 전체성 속에서 아름다울 수 있음을 본다.

아무튼 혜민 스님은 강원에 있을 때 여러모로 인기가 있었다. 울력 시간 때는 힘든 일을 솔선해서 하였고, 운동 경기나 등산 때는 덩치값을 유감없이 발휘하였다.

그런데 대중 스님들이 이해 못할 일이 딱 한 가지 있었다.

바로 TV프로 가운데 '전국 노래자랑'을 보는 일이었다. 스님은 일주일 내내 전국 노래자랑을 학수 고대한다고 했다. 특별히 볼일이 있어서 일주문을 나가는 일이 있다 하더라도 이 시간만큼은 어디에 있든 절대 놓치지 않았다.

한번은 둘이 포행을 하다가 물었다.

"스님, 특별히 전국 노래자랑을 좋아하는 이유가 있습니까?"

혜민 스님은 싱긋이 웃으면서 말했다.

"그냥 좋습니다. 아마추어들이 나와서 '딩동댕' 하는 소리를 듣고 기뻐하는 것 보면 너무 재미있습니다. 언젠가 은사 스님께서 부르셨는데 그것도 모르고 그 프로에 심취해 있다가 뺨까지 맞은 적이 있습니다. 은사 스님께서 내가 보는 데서 방송국에 전화해서 '그 프로 제발 좀 하지 마라' 고 애원하기까지 했습니다."

글쎄 무슨 이유 때문에 속퇴했을까?

수소문 끝에 알아보니 기가 막히는 일이었다. 속퇴한 결정적인 동기가 바로 그 TV 프로 때문이었다.

부처님 오신 날인 초파일. 그 바쁜 날에 방에 들어가 그 프로를 보다가 은사 스님께 들켜서 그 길로 내쫓겼다는 것이다. 그것도 전국 노래자랑을 즐기다 한 차례 꾸지람을 듣고도 곧장 TV 앞에 다시 앉았다가 대난을 당했다는 것이다.

나는 그날 일기장에 이렇게 썼다.

'혜민 스님, 오늘 소식을 들었소. 이제 스님은 구속받지 않고 실컷 TV를 볼 수 있어서 좋겠소!'

雨寶益生滿虛空…
(우보익생만허공) : 중생 위한 감로법은 허공에 가득하니

욕 심

연꽃 사진을 좀 찍으려고 연못을 찾았다.

물이 많이 썩었다. 악취가 심했다.

그렇지만 다리와 팔을 걷고 용감하게 못 속으로 들어갔다.

그러자 모기가 순식간에 달려들었다. 이것이 웬 특별 메뉴인가 싶은 모양이다.

팔에 붙은 모기를 아예 쫓지 않고 한참 보고 있으면서 대중공양(大衆供養:모든 이에게 식사를 대접함)을 시켰다.

피를 너무 많이 빨아먹은 모기들이 배를 빵빵히 채운 것은 좋았는데, 그만 날지 못하고 뒹굴면서 물 속에 떨어져 갔다.

이것은 모기의 잘못인가.

이것은 나의 잘못인가.

이것은 물의 잘못인가.

시자와 시자 스님

은사 스님이나 노스님을 옆에서 시봉하는 사람을 시자 (侍者)라 한다.

시자는 전화를 받는 것부터 시작해서 옷 손질하기, 방 청소하기, 먹 갈기, 차 끓여 손님접대하기 등 일이 한두 가지가 아니다. 으레 시자실은 모시는 스님의 방 옆에 붙어 있기 마련이다.

하루는 손님이 무척 많이 찾아왔다.

작설차 (전통 녹차의 일종)를 정신없이 끓여 내는데도 줄지어 손님들이 오고가는 바람에 상황 판단이 어려워지게 되었다.

스님이 부르시면 차를 들고 들어가는 수밖에 없었다.

"시자! 차 석 잔 가져오너라."

"시자! 차 두 잔 가져오너라."

"시자! 차 석 잔 가져오너라."

계속 연속으로 부르다가 5분 정도 호출이 뜸했는데 손님이 직접 불렀다. 나중에 알고 보니 종교계 신문 기자였다.

"어이, 시자! 차 한 잔 더 주지."

시자라 하더라도 승복을 입고 있는 승려의 신분인데 은사스님이 하대(下待)하여 부르니까 얼빠진 그 기자도 그렇게 불러도 되는 줄 아는 모양이었다. 은사 스님이 잠시 후 정중하게 다시 부르셨다.

"시자 스님! 여기 차 한 잔 더 주시지요"

조금 있으니 다른 손님이 또 들어가는 것 같았다. 스님이 부르실 일을 그 기자가 대신 불렀다.

"시자 스님, 죄송하지만 여기 차 두 잔 부탁드립니다."

衆生隨器得利益…
(중생수기득이익) : 중생은 근기따라 이익을 얻는구나.

스승

나는 경주의 불국사 초등학교를 다녔다.

학교는 토함산 능선을 서쪽으로 타고 내리는 끝자락에 큼직하게 위치했다.

우리집에서 학교까지는 너무 멀었다. 10리가 넘는 그 길을 까만 고무신을 끌면서 비가 오나 눈이 오나 꾸준히 다녔다.

고무신 밑창이 닳아서 물이 새면 시장에 가서 때워 신었다. 한번은 불국사에 소풍을 갔다가 그 때운 고무신 뒤쪽이 떨어져 애를 먹은 적이 있었다.

5학년 때인가, 전학년이 고적 답사를 갔을 때, 나는 그곳 어느 스님의 법문을 듣고 뜻은 잘 몰랐지만 몸짓이 참 멋있다는 감정을 가지기도 했다.

부처님 오신 날인 4월 초파일, 동네 친구와 함께 학교를 파한 후 불국사에 간 적이 있었다. 불국사 주위 여러 동네의 마을 사람들이 풍악을 울리며 절에 모여들었다. 한마디로 그 시절의 초파일은 지역 축제였다. 청운교, 백운교 앞

뜨락에는 온갖 장사꾼들이 모여들고 수천 명의 사람들이 서로서로 손을 잡고, 덩실덩실 춤을 추면서 흥겨워했다.

나는 초파일이 무슨 날인지도 모르고 그런 모습을 보는 것이 재미있었다.

지금 생각해 보면 신라시대 때부터 내려왔음직한 그 각본없는 축제 행사가 정말 너무 좋았다. 그런데 그 행사들이 해를 거듭함에 따라 차차 사라져갔다. 천 년 이상의 세월을 그렇게 서민의 숨결소리와 함께 했던 불교행사가 불과 몇십 년 전부터 많이 쇠락해지는 것을 보니 너무 가슴이 아프다.

나는 그 옛시절과 인연이 있었던지 승려가 된 후 불국사에서 한동안 살았다. 그곳에 살면서 나는 늘 잊을 수 없었던 선생님 한 분을 찾았다.

선생님은 초등학교 1학년 때 담임이셨는데, 다행히 그때까지 절 밑의 상가에 사셨다. 선생님은 벌써 할아버지가 되시어 경로당에 나가셨다.

물론 선생님은 나를 알아 보실 리가 없었다.

"선생님, 저는 그때 분단장이었습니다. 선생님이 바쁜 일이 있으셔서 어디 가시면서 저더러 청소를 시키셨는데, 하도 애들이 말을 듣지 않아 제 직권으로 아이들을 다 집에 보냈습니다. 교실은 엉망이었지요. 이튿날 아침, 운동장 조회 후 복도에 줄지어 들어섰을 때, 선생님은 저를 불러 내었습니다. 선생님은 빗자루, 먼지털이, 회초리 등 때릴 수 있는 막대기는 다 꺼내시더니 저의 엉덩이를 사정없이 내리갈겼습니다. 제가 맞을 짓을 했지요."

선생님은 빙그레 웃으시면서 별말씀을 않으셨다.

옆에 계시던 사모님이

"나쁜 마음으로 때린 것은 아니었겠지요."

하고 선생님 대신 대꾸를 하셨다.

회상하건대, 어린 나이에도 그때 선생님을 원망하지 않았다. 나의 할 일을 다하지 못한 것을 스스로 알고 있었기 때문이다. 엉덩이가 시퍼렇게 멍이 들고 아팠지만 집에 가서는 한마디도 하지 않았다.

차차 커가면서 나한테는 독특한 책임감 같은 것이 자라났다. 주어진 임무는 몸이 부서지는 일이 있더라도 해내고야 말았다.

나는 모두가 그때 1학년 담임 선생님의 큰 사랑의 덕분이라 생각하고 있다.

요즘 가끔 보면 선생님의 체벌이 문제되는 경우가 종종 있다.

학부모가 여기에 관여할 문제가 아니다. 학부모가 선생님의 고유 영역인 교육의 방법에까지 참견한다면 아이들을 학교에 보낼 이유가 없는 것이다.

요사이는 학부모가 자신만 있으면 혼자서 독학을 시킬 수 있는 제도가 아주 잘 되어 있다. 검정고시도 있고 대학 과정의 독학사 제도까지 있다. 그러니 선생님을 불신해 가

면서까지 자녀들을 학교에 보낼 필요가 없는 것이다.

어느 얼빠진 어른들은 학벌 문제를 들고 나온다. 자기는 선생님보다 더 좋은 대학을 나왔다는 것이다.

그가 우주에서 제일 좋은 '우주 대학'을 나왔다 하더라도 아이들 교육만큼은 학교 선생님한테는 안되는 줄 알아야 한다. 자기가 전공한 경제면 경제, 법학이면 법학에 있어서는 조금 나을 수 있을지 몰라도, 전혀 다른 교육 분야를 가지고 선생님과 자기를 비교하는 것은 어리석기 짝이 없는 짓이다.

심지어는 불교학을 전공한 스님들을 두고도 세인들은 학벌을 따지려 한다. 세인들은 365일 불교 속에서 생활하는 스님들 만큼, 그토록 그 사고에 있어서 불교적으로 철저할 수는 없는 것이다.

아무튼 우리는 학교 선생님을 존경해야 한다.

이 사회가 이렇게 위계질서가 없어지고 어수선하게 된 것은, 우리 국민이 학교 선생님들에게 소신있는 교육을 할 수 있도록 힘을 실어 주지 않은 탓도 크다.

나라가 제대로 되어가려면 학교 선생님이 존경받는 사회가 되어야 한다.

우리 국민들은 '학교 선생님 존경하기 운동'이라도 벌여야 한다.

양 심

어제 저녁에 늦게 잤더니 새벽 예불(새벽에 일어나 부처님께 드리는 문안 인사)시간은 비몽사몽이었다.

방에 들어와서 앉았다가 책상에 엎드린 채로 또 깊은 잠에 빠졌다. 바깥에서 '쏴— 쏴' 하고 물소리가 들리더니 은사 스님 목소리가 들렸다.

"아직 자나!"

깜짝 놀라 고개를 들어 시계를 보니 아침 공양 시간이 임박했다.

책상, 책 위에는 침이 흥건히 고여 있었다. 휴지 한 장을 뽑아 책상을 대충 훔치고 입가의 침을 닦으면서 허겁지겁 마루로 나왔다.

스님께서는 내 신발까지 하얗게 씻으시고 그간 태풍 때문에 지저분해진 마루 밑을 호스의 물로 청소하고 계셨다.

나는 조금이라도 덜 혼나기 위해 다시 방으로 들어가 그간 비 때문에 밀린 빨랫감 한 보따리를 안고 나왔다.

눈을 비비면서 수곽(우물)으로 가는 내 모습에 은사 스

님은 기가 막히셨는지 할 말을 잊으신듯 물끄러미 쳐다보
시기만 하셨다.

공양을 알리는 목탁소리가 오늘따라 긴 여음을 내며 골
골이 흩어져 갔다.

은사 스님께서 큰방에 공양하러 들어가신 뒤 화장실을
둘러보니 이미 그곳까지 청소를 다 해 놓으셨다.

나는 늦게 일어난 죄로 스스로 벌을 받기로 했다. 아침
공양도 하지 않고 일주일 이상 밀린 빨래를 한꺼번에 하느
라고 바쁘게 움직였다.

은사 스님께서 공양을 하고 나오시더니
"우학이는 공양 안하나?"
하고 한말씀하셨다. 나는 둘러대었다.
"배가 안고픕니다."
사실 나는 배가 고파 어찔어찔하였다.

계 율

통도사의 큰법당은 계율(戒律)을 설하는 금강계단(金剛戒壇)으로 쓰여진다.

큰법당을 청소하고 있는데, 젊은 외국인 한 사람이 아직 잘 걷지도 못하는, 안고 있던 어린 아기를 문 바깥에 선 채 법당 안에 내려 놓았다.

빨간 신발을 신고 있었다.

별안간 청천벽력 같은 고함소리가 났다.

"승려! 계율을 설하는 곳에 양놈이 신발을 신고 들어갔어!"

반대쪽 문을 쳐다보니 50대쯤으로 보이는 어떤 남자가 눈을 부라리며 어린 아기한테 손가락질을 하고 있었다.

나는 얼른 아기를 안고 그 남자 쪽으로 가서 한마디했다.

"좀 조용히 합시다. 계율을 설하는 데서 그렇게 화내는 것이 훨씬 더 나쁘오."

계율의 가장 근본은 탐내지 아니하고, 성내지 아니하고, 어리석지 아니한 것이다.

216

자기 그릇

강원을 마치고 은사 스님을 찾아 뵈었다.

스님을 뵐 때마다 늘 그렇지만, 가사와 장삼을 수하고 정중히 삼배를 올렸다.

스님께서는 이것저것 몇 가지 점검 후 '됐다. 나가서 쉬어라' 고 하셨다.

다른 방으로 건너와 사형사제 (師兄師弟 : 한 스승의 제자들로 세속의 형제와 같은 사이) 스님들과 그간의 얘기를 나누고 있는데, 시자 스님이 은사 스님의 윗도리를 찾느라고 이리저리 왔다갔다 하면서 부산을 떨었다.

시자 스님은 연방 '어디 있는고' 하면서 법당에도 갔다가 공양간에도 갔다가 혼자서 속이 있는 대로 탔다.

그러다가 시자 스님은 '벽장에 있으려나?' 하고 방에 들어갔더니, 은사 스님이 붓글씨 쓰고 계시는 바로 옆에 윗도리가 있었던 것이다. 시자 스님이 여쭈었다.

"스님, 이 옷 찾으신 것 아닙니까?"

"멍청아, 우와기 (윗옷의 일본식 발음) 찾았나! '우학' 수좌

217

찾았지."

그제서야 은사 스님께서는 직접 대청 마루에 나오셔서 큰 소리로 부르셨다.

"우하기 있나!"

부르는 소리를 듣고 급히 서둘러 가니, 그 난리가 일어났다고 한다.

사람은 자기 인식 범위 안에서 생각한다. 시자 스님의 귀에는 '윗도리, 우와기'로만 들릴 뿐.

아니 그래도 내 이름이 늘 독특하다는 생각을 했었다. '우학'이란 나의 법명 (法名)을 사람들에게 소개하면 제각각 자기 분수대로 받아들인다. 다 업 (業)의 탓이다.

'으—악 하고 추락하는 소리로'

'우악스럽다는 모양으로'

'으악새 (억새풀)를 연상하면서 으악새 숲이 우는 노래를'

'우악 우악 하는 오리 소리로'

'우아한 학의 줄인말, 우학으로'

'우학 (羽鶴) 도인으로'

은사 스님과 단둘이 있을 때 개명 (改名)해 주실 것을 말씀드렸더니 야단만 치셨다.

"네 이름은 사람의 마음을 꿰뚫어 보는 이름이다. 니가 이름을 고쳐달라고 하는 것도 업의 탓이다."

나는 그 뒤로 내 이름이 좋은 줄 알았다.

빗자루 자국

강원에서도 큰 언성이 들릴 때가 있다.

같이 일해야 하는 울력시간에 뻔질거리며 빠지거나 하찮은 일로 유별나게 까다롭게 구는 동료가 있으면 화합이 깨뜨려져 분위기가 다소 삭막해진다.

양산 통도사 일주문에 이 점을 염려하는 옛 선인들의 글이 새겨져 있다.

"성이 다른 사람끼리 모여 사는데는 반드시 화목해야 하느니라."

주로 아침 시간에 특히 아침 공양 전후에 각기 배당된 지역별로 청소를 하게 된다. 청소할 것이 있든 없든 전부 움직여야 한다.

천성이 게으르고 성질이 까다로워서인지 위장약을 줄곧 먹는 한 스님이 '겨울 마당'에 쓸 것이 뭐 있느냐고 소리를 꽥 질렀다. 지대방에서 놀고 있는 그 스님더러 찰중(察衆: 대중을 규찰하는 소임) 스님이 한마디 했기 때문이다.

정도가 심했기 때문에 공사(公事:대중회의)가 붙여져 일주일 동안 큰 법당에서 108배 하며 참회하는 문책이 내려졌다.

나도 처음에는 겨울 마당을 쓸고 있노라니 '이것은 괜한 짓이다' 하고 생각하기도 했지만, 그렇지 않다는 것을 깨달은 적이 있었다.

대중 울력으로 대중이 화합하는 것은 물론이거니와 빈 마당이라 할지라도 발자국이 그대로 있는 것보다는 깨끗하게 쓸린 마당이 우선 보기에도 기분이 다르다. 한티끌도 옮겨지지 않았는데 빗자루 자국만 그어져 있어도 이내 우리의 가슴이 상쾌해진다.

이것이 바로 우주의 묘한 이치라고 생각한다. 한티끌도 움직이지 않고도 자기 마음만 열리면 그곳이 바로 극락세계라는 부처님 말씀이 실감난다.

강원은 절에 들어와서 처음 공부를 시작하는 초심자들이 모여 있는 곳이라 거친 마음이 아직 다듬어지지 않은 상태이다. 그렇지만 가장 순수하고 때묻지 않은 데가 강원이라고 볼 수 있다.

하루 아빠

불교대학에서 같이 공부하는 '종인' 이라는 스님과 성불사를 갔다.

마침 서너 살쯤 되어 보이는 꼬마가 혼자 놀고 있었다.

천성적으로 아이를 좋아하는 종인 스님이 아이 뺨을 잡고 "룰룰룰" 하고 얼렀다. 내가 농담으로

" 이 스님, 너 아빠다. 아빠라고 불러 봐."

하니까, 꼬마가 금방

"아빠, 아빠."

하고 따라다녔다.

그러다가 법회가 시작되고 법문 시간이 되었다.

법사(法師:법을 설하는 스승)인 종인 스님이 한참 법문을 하고 있는데 꼬마가 앞으로 나가더니 종인 스님의 옷자락을 잡고

"아빠! 배고파."

하고 아주 또렷한 목소리로 칭얼거렸다.

신도들이 "와~" 하고 웃었다. 그러자 종인 스님이

"그래 곧 밥 줄게. 여기서 아빠라고 하면 안돼."
하고 타일렀다. 꼬마가 고개를 끄덕였다.

곧 법문이 끝났다.

신도들이 나한테 몰려와서 물었다.

"아까 꼬마가 정말 그 스님 애입니까?"

"예, 오늘 하루 아빠랍니다."
하고 얼버무렸다.

문제는 그 다음에 있었다.

며칠 뒤에 또 종인 스님이랑 법회를 보러 갔었는데 신도들이 웅성거리며 법문을 듣지 않겠다는 것이었다.

내가 '이유가 뭐냐' 고 따지니까 신도들이 하는 얘기가 자식 있는 스님의 법문은 듣지 않겠다는 것이다.

대신 내가 법상에 올라서서 "이런 데가 어디 있느냐!" 고 호통을 쳤더니 분위기는 가라앉았다.

그런데 그 이후로도 종인 스님에 대한 이미지가 완전히 개선되지는 못했다.

나는 어느 영화에서, 도둑으로 등장한 주인공 배우를 실지로 만난 적이 있었는데 한동안 그 도둑질의 잔상이 남아 있어 애를 먹은 경험이 있다.

종인 스님은 괜찮다는 듯이 말했다.

"하루 아빠도 아빠다!"

코 골기

　사찰의 대중방은 참 다용도로 쓰인다.

　그곳 한자리에서 공부하고, 밥먹고, 회의하고 잠잔다.

　잠을 잘 때는 낮에 공부하던 그 위치에서 간단한 이불 하나 덮고 드러누우면 그만이다. 상의는 벗을 수 있지만 하의 겉옷은 일체 벗지 못한다.

　잠을 잘 때도 규정을 지켜야 한다.

　만일 코를 많이 골아 대중 스님들의 수면을 방해하는 스님이 있을 때는 지대방에 따로 취침시키는 경우도 있지만, 방 사정이 여의치 못하면 그냥 같이 자는 수밖에 없다.

　강원에 들어온 지 얼마 되지 않은 어떤 학인 (學人:경전공부 중에 있는 스님) 스님이 조금씩 코를 골았는데 등산을 갔다온 날 밤에는 코를 많이 골았다.

　잠자던 대중 스님들이 여기저기서 "이러다가 한숨도 못 자겠다…. 어떻게 조치해야지…. 좀 깨워라…." 하며 수근거렸다.

　그래도 본인은 세상 모르고 드렁드렁하면서 맛나게 자

고 있었다.

성질 급한 윗반의 한 스님이 베개를 그대로 직격탄으로 던졌다. 그대로 그의 얼굴에 명중됐다. 기지를 폭파시켜 버린 것이다.

그날 이후 서너 달이 되었는데도 그 스님은 한번도 코를 골지 않았다.

그런데 그 윗반 스님이 사정이 생겨서 딴곳으로 가게 되었다. 그러자 바로 그날 저녁, 또 코를 고는 소리가 천지를 진동했다.

참 회한한 일이었다.

한참 있으니 잠꼬대까지 곁들였다.

"내가 코를 골고 싶어서 고나, 뭐. 부처님, 안그래요? 음 냐……"

是故行者還本際…
(시고행자환본제) : 우리가 이 도리를 얻고자 원한다면

정 력

　20대 젊은 학인 스님들이 모여사는 이곳 백상원은 아랫
채에 큰 우물이 하나 있어서 좋다.
　그 물이 얼마나 시원하고 찬지, 한여름이라 할지라도 물
한 두레박이면 온몸이 오싹하고 한기가 들 정도다.
　하루는 학교에서 강의를 받고 버스로 백상원에 돌아오는
길이었다. 30대로 보이는 젊은 남자의 옆자리에 앉았다.
　나는 버스나 전철을 타면 습관적으로 염주를 잡고 명상
에 잠긴다. 지루하지도 않거니와 아무 생각없이 차를 타고
있노라면 뇌파가 지극히 안정된 상태가 되므로 깊은 삼매
에 들어가기가 수월하다.
　허리를 펴고 눈을 지그시 감고 백팔염주를 돌리고 있는
데 옆 남자가 어깨를 들썩들썩거리며 무슨 말을 하고 싶어
했다.
　"무슨 하실 말씀이라도….."
　"예, 스님. 한 가지 궁금한 게 있습니다."
　"뭐가 궁금하세요?"

"스님은 아직 젊으신 것 같은데 성욕이 일어나면 어떻게 처리하시는지 비법이 있으면 가르쳐 주시지요. 저는 아직 독신인데 그게 힘듭니다."

"거사님, 그만 결혼하시지요. 고민할 것이 뭐 있습니까. 간단히 해결될 건데."

"스님, 그게 아니고…. 성욕은 아주 동물적이고 나쁜 거 잖아요?"

"아닙니다. 성욕은 바로 살아 있다는 증거입니다. 바로 에너지의 원천입니다. 새벽에 물건이 일어서지 않으면 빚도 내주지 말라는 속담도 모르시오. 동물적이라는 말도 맞지 않습니다. 사람이 본래 동물이지 식물입니까? 하물며 식물도 암술, 수술이 있는 법인데 뭘 그런 것 가지고 문제를 삼아 고민하시오! 조금 다른 얘기지만 요즘 초등학교 아이들도 이성 문제를 공부 문제보다 더 심각하게 받아들이고 있습니다. 그리고 양로원의 노인네들도 이성 문제가 가장 큰 화젯거리라는 여론조사도 못 보셨소.

원래 세상은 음양의 질서 속에 있어야 아름다운 법이요. 세상에 점잔빼고 다소곳한 남녀들도 다 밤이 있어서 자식을 낳는 것이고, 당신도 부모의 성욕을 통해서 세상의 빛을 보았소. 특별히 우리 사람의 성관계가 더욱 아름다운 것은 사랑의 마음이 그곳에 자리잡고 있기 때문입니다. 물론 다른 동물도 그럴 수가 있지만."

그 남자는 거침없이 퍼붓는 나의 사랑학 개론 강의를 혼

이 빠진 듯 듣고 있더니 불쑥 물었다.

"스님 거처하시는 데 한번 찾아가 뵈도 될까요?"

"그렇게 하시지요."

며칠 후 백상원에 온 그 남자는 당도하자마자 하소연부터 했다.

"스님, 지금 당장이 문제입니다. 이놈의 물건 때문에 공부가 안됩니다. 저는 다른 사람보다 좀 심한가 봅니다."

"비법을 가르쳐 줄 테니 뭐든지 할 수 있소?"

"예, 하겠습니다. 스님!"

나는 그 냉동 우물로 데려갔다.

일단 옷을 벗으라고 했다. 옷을 벗는 동안에 물 한 두레박을 길렀다. 옷을 다 벗자마자 피할 틈도 주지 않고 갑자기 그 청년의 몸에 세차게 물을 퍼부었다.

"아이쿠! 나 죽겠네."

순간, 팽창되어져 있던 그의 물건이 순식간에 번데기처럼 올라붙었다.

대충 옷을 입혀 방으로 데리고 와서 몇 가지 훈련을 시켰다. '내 몸이 어디서 왔는고' 하는 화두법을 가르쳤다. 그리고 바깥으로 치닫는 에너지를 속으로 흡수 전환하는 좌선법과 호흡법을 수련시켰다.

"이게 내 비법이요."

"그럼, 스님께서는 일주일에 몇 번이나 물을 뒤집어쓰십니까?"

"쓸데없는 소리 하지 말고 강의료나 톡톡히 내시오!"

그 남자는 얼마 후 행정 고시에 합격하고 결혼하였다.

어지간히 많은 자식을 둘 것 같았는데, 딸 하나 밖에 낳질 못했다.

叵息妄想必不得…
(파식망상필부득) : 망상을 쉬지 않고는 아무것도 못 얻으리.

여자를 보는 법

나는 은사 스님을 좋아한다.

스님은 그냥 가만히 계시는 성격이 아니여서 마당에 풀을 뽑아도 뽑으시고 글을 쓰셔도 쓰신다. 아무것도 하지 않고 빈둥빈둥 노는 상좌(제자)들이 있으면 "시줏밥이나 축낸다"고 불호령을 내리신다.

스님이 계시는 통도사 서운암은 지금 수천 평의 단감나무 단지가 조성되어 있다. 은사 스님은 수시로 말씀하신다.

"앞으로 스님들은 신도들 시줏돈만 바라봐서는 안될 것이다. 자립할 생각들을 해야 한다."

이렇게 당신 생활에는 빈틈이 없으신 분이지만 인간적인 교감에 있어서는 상좌들이라 할지라도 아무 격의를 두지 않으신다.

한번은 서운암에서 은사 스님과 함께 농장 더덕밭에서 더덕이 넝쿨을 타고 오를 수 있도록 나무 막대기를 꽂는 작업을 하고 있었다.

마침 서운암 봉고 기사인 김 기사를 찾는 어떤 여인이

농장 근처까지 왔다.

갑자기 나의 즉흥적인 성격이 발동했다. 무심결에

"와! 세련됐다."

하고 생각없이 한마디했다. 은사 스님이 못마땅하신 듯 내
얼굴을 보시면서

"여자를 보려거든 똑바로 봐라. 저기 뭐가 세련됐노!"

하고 핀잔을 주신다.

"스님, 어떻게 보면 되는데요?"

"두 눈 똑바로 뜨고 정신 잃지 말고 봐라!"

6장

세상을 사랑하여라
그것이 곧 깨달음이라

생선 공양

어느 절이든지 들어가면 먼저 법당의 부처님부터 참배하는 것이 기본 예의다.

어촌의 자그마한 절을 들를 기회가 있었다.

법당에서 가운데 부처님을 향해 절을 하고 있는데, 뒤를 이어 들어온 아주머니가 머리에 이고 있던 작은 양동이 하나를 탁자(부처님께 공양 올리는 단) 위에 척 갖다 놓았다.

그러면서 중얼거렸다.

"부처님, 부처님 덕분에 이번에는 만선(滿船)했습니다. 어쨌든지 계속 사고없이 일 잘되도록 해주십시오—."

그리고는 두 손을 있는 대로 뻗어서, 그것도 발뒤꿈치까지 들고는 머리 위에서부터 합장하고는 엎드렸다. 그리고 엉덩이는 하늘로 치켜들고 팔은 쭉 내밀어서 절을 올렸다.

어간(御間:부처님 정면)에 서서 두 눈을 꼭 감고 절하는 모습을 보고 있노라니 나무랄 정신보다는 웃음이 날 지경이었다.

법당 안이 온통 비린내로 가득 찼다. 해변가의 작은 절이니 그런 대로 이해할 수밖에 없었다.

법당에서 나와 그 절의 주지 스님과 한참 시간을 보내고 있는데, 아까 그 아주머니가 해삼이니 오징어 등을 잘 요리해서 초장과 함께 가져왔다.

주지 스님이 권했지만 선뜻 젓가락이 가질 않았다. 내가 무슨 계율을 잘 지키는 율사(律師)인 양 먹는 음식을 이것저것 가리고 있었기 때문이다.

머뭇머뭇하니까 연세가 지긋한 그 주지 스님은 힘들게 한말씀 하셨다.

"젊은 수좌, 여기는 이것이 바로 농사입니다."

이런 분위기에서 먹지 않는 것도 예의가 아닐 것 같아서 몇 점 먹었다. 그제서야 옆에 있던 아주머니가 안심이 되는지

"스님들이 이 공양을 맛있게 드시니 재수가 있어서 다음 배도 만선하겠습니다."

하고 좋아하며 물러나갔다.

주지 스님은 빙그레 웃고는 혼자 긴 이야기를 하셨다.

"서로 다 좋으라고 있는 것이 계율이겠지요. 계율은 수단이지 목적은 아니지요. 인도의 어느 수행집단들은 입 속으로 들어오는 벌레를 죽이지 않기 위해 마스크를 끼고 다니며, 심지어는 무소유를 실천하기 위해 불알까지 드러내놓고 다닌다고 합니다. 대저 계율이란……."

결혼 주례

"스님, 큰일입니다. 갑자기 주지 스님께서 총무원 일로
서울에 올라가셨는데, 내일 절에 결혼식이 하나 있습니다.
주지 스님이 주례 서시기로 하셨는데…."

만행(유랑생활)을 하다가 삼일사라는 절에 들렀는데 공
양주 보살이 나를 잡고는 오두방정을 떨었다.

"보살님, 나는 아직 나이도 안되고 한 번도 안해 봐서 못
합니다."

"스님, 스님들이 무슨 연세가 있습니까, 다 부처님 일이
니까 제발 주례 좀 서 주소."

이튿날, 나는 할 수 없이 단상에 올랐다. 신랑 신부라고
앞에 선 사람들이 중년의 아저씨 아주머니여서 얼떨떨했다.

"…어쨌든지 앞으로 싸우지 말고 잘 사세요. 그리고…."

내 나름대로는 거창하게 주례사를 하고 내려 오는데, 색
동옷을 입은 여자 꼬마가 또렷또렷한 목소리로

"스님은 참 박사시네. 우리 엄마 아빠가 어제 싸운 것을
어떻게 아셨재?"

하고 머리를 갸우뚱거렸다.

갑자기 장내에 폭소가 터졌다.

어설픈 무당

길을 가다가 높다란 대나무에 卍 자를 단 집에 불쑥 들어갔다. 다리도 쉴 겸 마루에 걸터앉았다.

"스님, 저는 김유신 장군 신을 받았습니다."

"아, 그러세요."

40대로 보이는 화장을 진하게 한 여자는 나를 요리저리 뜯어보더니 다시 말을 붙였다.

"스님은 참 불쌍하시지. 어머니가 돌아가셨나, 아버지가 돌아가셨나? 점괘가 그렇게 나오네!"

"아주머니, 전화 잠깐만 빌려 주실래요?"

나는 여자가 보는 앞에서 고향에 전화를 했다.

아무 일이 없었다.

수염도 깎지 않고 세수도 안하고 돌아다니니 고아처럼 보인 것이다.

"아주머니, 나는 갑자기 부모님이 돌아가신 줄 알고 확인해 보니 건강하시답니다."

여자는 무안한듯

"스님은 대가 세서 그런가, 잘 안맞네!"
하고 얼버무렸다.

어설픈 사람들은 세상을 겉모양만 보고서 자기 나름대
로 반쯤 판단하고 있다.
아무것도 모르는 사람들이….

입장료

걸망을 메고 팔도를 만행하다 보면 지방마다의 교양 수준과 인심을 읽을 수 있다.

사람들이 점잖고 말씨가 부드러운 동네는 사는 것에도 여유가 있다.

사람들이 사납고 말끝마다 '년' 자, '놈' 자를 붙이고 욕설이 많은 동네는 대부분 가난하다. 가난하기 때문에 그렇지 않느냐고 반문할 수도 있으나, 그것은 그렇지 않다. 들어오는 복도 그 지저분한 입이 다 까먹는 것이다.

이름도 고운 여수(麗水)!

여수는 인심도 좋았다. 사람들이 모두 친절할 뿐만 아니라, 어른이나 애들이 욕을 할 줄 몰랐다.

흥국사에 도착하여 충무 쪽으로 가려니 여비가 부족했다.

진옥 스님이란 분이 자기 호주머니를 뒤져 10원짜리 잔돈까지 다 긁어모았다. 좀 적겠다면서 법당 불전함을 열러 갔다 오더니 한푼도 없었던 모양이다.

오히려 객이 미안한 일이지만, 진옥 스님은 2,540원을 건네 주면서 죄송하다고 말했다. 그리고 인근 한산사를 안내해 주었다.

한산사는 정말 잘 단장되어 있었다. 부처님이, 계시지 말라고 해도, 우겨서 계실 정도로 절 관리가 잘 되어 있었다.

주지 종철 스님은 젊은 분인데도 공심(公心)이 있어 보였고 무척 겸손한 인격을 가지고 계셨다.

이튿날, 거기서 거리가 좀 멀리 떨어진 남해의 조계종 어느 교구 본사를 찾았다. 입장료를 받는 곳이었는데도 들어오는 관광객이 엄청 많았다.

들어오는 관광객들한테 안내장 하나 돌리는 법이 없고, 사찰을 소개하는 안내원 한 명 없었다. 매표를 한 돈은 도대체 어디에 쓰여질까 하는 기분 나쁜 생각이 머리를 스쳤다.

이 입장료가 없어지지 않는 이상 우리 불교의 획기적 발전은 불가능하다.

조상들이 잘나서 좋은 명당에 대찰을 지어 물려 주었더니, 옛날에는 받지도 않던 돈을 수금하느라고 정신이 없다. 돈이 어느 정도 돌아가니 알뜰히 포교할 필요가 없고, 애써 신도를 만들 이유가 없는 것이다.

당장 끼니가 없어서 먹고 살기가 힘들어지면 스님들이 자동적으로 신도관리에 뛰어들 것인데….

이런 점을 생각할 때, 현재 한국 불교의 신도 교세가 급감하는 가장 주된 원인은 바로 사찰 입장료 때문이다.

아무튼 사찰 입장료 징수는 없어져야 한다.

제발로 걸어 들어오는 관광객만 잘 포교해도 그 자원은 무궁무진할 텐데….

몇몇 스님들만 시내에서 포교하느라고 고생이 많다.

歸家隨分得資糧…
(귀가수분득자량) : 고향 갈 제 분수따라 노자를 얻는도다.

무소유

부산 해운정사에서 석남사로 가는 길이었다.

터미널은 미어질 듯이 복잡했다. 오늘이 식목일인데 나무 심는 날이 아니고, 놀러가는 공휴일로 된 것이다. 이런 공휴일이 왜 생겼을까 생각을 해본다.

석남사에서 점심 공양을 한 후 다시 운문사로 향했다.

운문재에 오르는데 꼭 한 시간이 걸렸다. 운문재는 경남과 경북의 접도구역이다.

마침 산판(벌목 작업장)에 일하는 사람들이 있어서 걸망을 내려 놓고 그들과 얘기를 나누었다. 그들은 자기들이 자주 싸운다는 이야기를 서슴없이 해주었다. 특히 술만 먹으면 불만이 터지고 칼싸움까지 일어난단다.

일이 힘들수록 마음이나 편해야 할 텐데, 듣고 보니 안타까웠다.

일정에 쫓겨 요즈음은 밤에도 일을 한다면서 고통스러워했다. 사십이 못 된 어느 한 사람은 집에 두고 온 팔십 노모와 다섯 살 꼬마가 늘 걱정이라는 말을 했다.

사바 세계의 인간 축소판을 보는 듯했다.

사람은 왜 태어나야 하고, 싸워야 하고, 술을 마셔야 하는가? 왜 돈을 벌기 위해서 일해야 하고, 가족들과 떨어져 있어야 하는가?

등줄기를 스치는 산바람이 아직은 차다.

나는 그들에게 평화와 행복이 있을 것을 축원, 기도하고 다시 걸망을 졌다.

산정의 묵은 억새풀밭을 헤매다가 겨우 길가닥을 잡았다. 갈림길에서 길을 잘못 들어서면 처음에는 한 뼘의 차이라도 나중에는 수백 리 차이가 나는 수가 있으므로 여간 조심하지 않으면 안된다.

굽이굽이 흐르는 계곡을 따라 길이 나 있었다.

화전민들의 집들이 띄엄띄엄 보였다.

돌돌돌 굴러가는 맑은 물을 온몸으로 즐기며 산길을 걷는 것이 참 좋다. 산이 산을 에워싸고 또 산이 산을 에워싼, 첩첩산중을 혼자 걷는 기쁨은 이루 말할 수 없다. 무슨 부귀 영화가 이보다 더 만족스러울 수 있으며, 무슨 처자식이 이보다 더 큰 즐거움을 주겠는가!

산천을 허리띠에 비껴차고 활보하는 이것이야말로 남아의 호연지기가 아니겠는가!

내가 가진 것은 가사 한 벌과 바리때 한 벌. 가다가 목마르면 흐르는 물 한 모금 마시고, 지쳐 다리 아프면 돌을 베고 창공을 바라보며 잠시 쉬면 될 일이다.

세상 사람들은 어리석다.

탐욕 없으면 싸울 일도 없으며 집착 없으면 성낼 일도 없을 텐데….

사람들은 왜 그리 서로 헐뜯고 싸우며, 왜 그리 모함하며 성들을 낼까?

저 걸림 없는 푸른 창공을 수억겁년 세세생생 머리에 이고 살아오면서도 말없는 그 교훈을 배우지 못하면 무슨 소용 있으리.

산길은 아무리 걸어도 지루하지 않다

다섯 시간이나 걸려 운문사에 도착했다.

비구니 스님들은 깔끔해서 좋다. 온 도량이 너무 잘 정돈되어 있고, 단정한 옷차림의 스님들이 뜰을 거니는 모습이 여유롭다.

운문사는 승가대학(강원)으로 유명하다. 주지 명성 스님이 이런 훌륭한 교육도량을 건립하였다고 하니 한 사람의 원력(願力)이 얼마나 위대한지를 새삼 느끼겠다.

지객(知客 : 객을 맞는 소임) 스님의 따뜻한 안내를 받고 개울에서 한참 놀았다.

운문재를 넘을 때, 상봉에 아직 얼음이 녹지 않았더니 물이 몹시 차다.

만월의 달빛이 운문사 계곡을 꽉 채운다.

업의 멍에

어릴 때 자라던 우리 동네는 농촌이었기 때문에 남녀 학생들이 어울려 함께 노는 것이 별로 통제가 되지 않았다.

초등학교 6학년 끝 무렵부터 우리 동창들은 밤새도록 어울려 노래를 부르며 화투놀이를 했다. 그러다가 배가 고프면 돈을 조금씩 내어 라면을 삶아 먹기도 하고 과일이나 수박 서리를 하기도 했다.

지금 생각해 보면 아무것도 아닌 일 같은데, 그때는 왜 그리도 그런 것이 재미있었던지 웃음이 난다.

20년 세월이 흐른 뒤, 걸망을 메고 어느 도시를 지나다가 길거리에서 그때의 한 여자 동기동창을 우연히 만났다. 무척 반가웠다. 금방 그가 나를 알아 보았다.

그는 나를 보는 순간

"니 팔자나 내 팔자가 왜 이렇게 되었노!"

하고 긴 한숨을 내어 놓았다.

내가 집도 절도 없이 떠돌아다니는 것 같아서 측은해 보였던 모양이다. 만행중이었으므로 옷은 꼬질꼬질하고 얼

245

굴은 '삐쩍' 말라 있었으므로 그런 느낌이 들 만도 했을 것이다.

내가 물었다.

"어떻게 사는 게 재미없나? 왜 그런 소리를 하노. 얼굴이 늙었구나."

그는 연방 한숨을 내쉬면서 자기 이야기를 늘어 놓았다.

그는 중매로 만난 남자한테 시집을 가서 아기 하나를 낳고 살았다.

중매쟁이가 건축사업가라고 소개를 해서 결혼을 했더니 돈 한푼 없는 막노동판의 막일꾼이었다. 돈이 없어 아둥바둥 달셋방을 전전하면서 목숨을 이어가는데, 남편이라는 자는 매일처럼 술을 먹고 들어와서 이유없이 두들겨팼다.

참고 또 참고, 그것이 정신병이 되었다. 급기야는 자신도 의식하지 못하는 큰일을 저지르고 말았다.

가위로 자기가 낳은 아이 몸을 군데군데 찌르고, 그 가위로 스스로 자신의 한쪽 눈을 찔러 실명까지 하게 되었다.

결국 이혼하게 되었고 자기는 지금 친척집에 머무르고 있다고 했다.

결혼 생활은 처음부터 끝까지가 비극이었다.

남말하듯 하는 그의 이야기를 다 듣고 내가 위로 삼아 한마디 했다.

"이제는 혼자 살아가야 할 궁리를 해야겠구나."

그랬더니 그는 스스럼없이 대꾸했다.

"그래도 또 결혼해야지. 이리저리 남자 찾고 있어."

나는 어이가 없어 멍하니 그의 얼굴만 쳐다보다가 오래 지체할 시간이 없어서 바쁘게 자리를 떴다. 다방 문을 열고 나오는데 그가 마지막 인사말을 했다.

"집도 절도 없는 사람이 더 바쁘구나!"

진눈깨비가 어지럽게 날리는 잿빛 하늘을 바라보며 '이러니 세상은 유지되는구나' 하는 묘한 생각까지 났다.

그토록 지긋지긋했던 결혼이었다면 다시는 남자를 찾지 않으련만······.

혼자 자유롭게 길을 걷는 나의 모습을 보고 부러워야 할 텐데, 그의 눈에는 도리어 험한 팔자로 보이다니······.

그 끈질긴 업의 멍에를 벗어던져 버리지 못하고, 그 업이 자기를 칭칭 감고 있다는 의식조차 하지 못하고, 그는 또 다른 시행착오를 경험하려는 것이다.

그래서 하늘은 영원한 하늘

그래서 땅은 영원한 땅

구더기는 구더기로 태어나고

지렁이는 지렁이로 태어나고

······························

그 끝도 없는 방황의 순환은 계속되는가 보다.

크리스마스 이브

거리의 캐럴이 얼어 있는 우리들 마음을 다소 녹이고, 교회에 장식된 깜박이등이 허전한 까만 밤을 보석처럼 지키는 크리스마스 이브다.

정말 괜찮은 밤이다.

예수라는 한 인간을 통해서 위안을 받고 살아가는 많은 사람을 보노라면, 비록 종교는 다르지만 그 한 사람의 희생과 사랑이 매우 값지게 생각된다.

먼길을 가는 지쳐 있는 길손에게 따뜻한 용기를 주고 그들의 마음속에 숨겨진 가능성에 대한 희망을 제시해 주는 존재가 있다면, 우리는 그를 일러 스승이라고 한다.

그 스승의 이름이 노자면 어떠하고, 공자면 어떠한가. 예수면 어떠하고, 마른 똥막대기(불교에 있어서 화두의 하나)면 어떠한가.

그저 다 중생들이 제각각 근기에 맞게 취해 마음의 양식으로 삼으면 된다.

세상에 출현한 그 숱한 스승들의 가르침이 없었던들 우

리들은 이 세상이 이렇게 좋은 줄 모르고 살아가리라.

세상은 본래로 아름다운 곳!

마음이 옹졸하면 바늘 하나 꽂을 자리 없지만, 마음이 넓어지면 온 우주가 들어가고도 오히려 남음이 있다. 그런 도리를 스승들은 가르쳐 온 것이다.

마침 멀리서 반가운 도반 스님이 왔다. 우리는 체육복을 입고 교회와 성당엘 갔다. 승복이 아니고 웬 체육복이냐고 말할지 모르지만, 그들의 잔칫날에 자칫 거부감이라도 주면 실례가 되기 때문이다.

교회의 긴 의자에 앉아 성가대의 아름다운 노래를 들었다. 그리고 성당의 뒤편에 서서 그들과 함께 미사를 올렸다.

뜰을 거닐며 아기자기하게 꾸민 아기 예수의 말구유 탄생 장면을 구경하였다.

우리는 몸에 밴 그들의 친절을 고맙게 느끼며 예수님에 대한 이야기를 재미있게 들었다.

탁 발

어느 큰절의 암자를 복원하는 불사 (佛事) 현장이다.

마침 주지 스님은 불사를 시작해 놓으시고는 갑자기 일이 생겨 외국에 나가셨다.

우연히 그 암자에 들렀다가 잠시 눌러 살게 되었다. 주지 스님이 계시지 않는데도 공사는 계속되고 있었다.

일꾼들을 대접할 반찬이 너무 없어서, 가끔 나는 들판에 나가 깻잎이랑 풋고추를 따서 내놓았다.

살림을 맡아 사는 공양주는 돈 한푼 가지고 있질 않았다. 일꾼들은 반찬이 없다고 입이 한 발이나 나와 있었다. 일꾼 대표가 나한테 통사정이다.

"스님, 열무씨라도 좀 뿌리지요."

"여보시오, 열무씨 살 돈이 없어서 그렇소!"

이렇게 말해 놓고도 나는 그날 밤 잠시 고민했다.

'주객이 어디 따로 있는가, 머무는 동안은 주인이지. 내가 탁발(托鉢:스님들이 다니면서 시주를 받음)을 해서라도 민생고를 해결하자.'

햇볕도 지긋지긋한 7월의 아침.

목탁과 요령을 챙겨 부산 부전시장엘 나갔다.

탁발!!

만행하면서 제법 이력이 났기 때문에 자신이 있었다. 지하다방에서 가사 장삼을 수하고 시장 바닥에 뛰어들었다.

처음이 아닌데도 무척 부끄러운 생각이 들었다. 막상 일을 시작하려니 발길은 천근만근. 무겁기 그지없다. 눈은 아래로 깔고, 있는 정성을 다해 반야심경을 외웠다. 골목골목을 집집마다 빠짐없이 방문했다.

식육점 주인아저씨가 백 원, 열무 파는 할머니가 백 원, 어물전 아주머니가 백 원, 또……. 이렇게 여러 골목을 차례로 누볐다.

나의 태도가 진지했던지 십여 미터 떨어져 있던 노인이 다가와 "고생 많습니다"라고 하면서 보시해 주었다. 문방구에서 꼬마들이 달려나와 "성불하십시오"하고 인사하면서 10원짜리를 보시해 주었다. 부끄러운 듯 상기된 모습의 아가씨들도 더러 보시를 해주었다.

거의 마지막 무렵에 아기를 업은 젊은 아낙네가 가게 문을 열다가 천 원 지폐 한 장을 바루에 넣어 주었다. 너무 고마웠다. 나는 그들 모두를 위해 축원하고 기도했다.

"부처님! 저들에게 가피 내리소서."

물론 비방하고 냉소하는 사람도 있었다. 그들을 위해서도 기도했다.

"부처님, 저들에게도 가피 내리소서!"

나는 본래 더위를 많이 타는 체질인데다가 날씨가 보통이 아니었기 때문에 온몸에 땀이 줄줄줄 흘러내렸다. 두 시간 넘게 중노동을 하고 보니, 장삼은 흠뻑 젖었고 땀이 눈에 들어가 눈을 뜨기가 힘들었다. 제법 바루가 묵직했다. 점심을 걸러서인지 어지러웠지만 그 돈으로는 양심상 아무것도 사먹질 못하고 절 아래 마을까지 왔다.

열무씨앗을 사면서 돈이 들어 있는 바리때를 내놓았다.

주인 아주머니는

"스님, 이 돈이 무슨 돈이에요?"

하고 의아해 했다.

"보살님, 얼마인지 세어나 봐 주세요."

전부 이만 오백 원이었다. 열무씨를 사고 남은 돈으로 두부와 단무지, 깍두기와 돼지고기를 되는 대로 샀다.

그날 저녁은 진수성찬이었다. 본래 공사판에는 기름기 있는 음식이 으레 있기 마련인데, 없는 절 살림이라 일꾼들도 불평을 많이 자제해 온 것이었다.

일꾼 한 사람이 싱글벙글하면서,

"스님이 나갔다 오신 덕에 오늘은 영양 보충 좀 하겠네요. 스님, 내일 또 좀 갔다 오이소!"

하고 속 모르는 소리를 했다. 하기야 그들이 내가 탁발한 걸 알 턱이 없다.

나는 차마 탁발 이야기를 할 수 없었다.

흥 정

시골의 어느 절에서다.

부지런히 정근 목탁을 치고 있는데 중년의 아주머니가
법당 문을 밀치고 들어왔다. 가지고 온 쌀을 한참이나 '부
시럭 부시럭' 하더니 비닐봉지의 윗부분을 개봉하고는 주
저함도 없이 부처님 무릎 위에 '턱' 갖다 놓았다. 그리고는
중얼거렸다.

"부처님요. 제가 쌀 가져왔심더. 우리 아들 시험에 꼭 붙
게 해줘야 됩니데이. 만일 떨어지면 교회나 갈람니데이"

흥정 반 엄포 반이었다.

나는 어이가 없었지만 말할 상대가 아닌 것 같아서 그냥
내버려 두었다. 그래도 부처님은 얼굴을 찡그리지 않으셨
다.

우리는 공양을 올릴 뿐 일체 조건을 붙이지 말아야 한다.

우리는 정성을 드릴 뿐 어떤 흥정을 해서도 안된다.

하물며 늘 끝없는 은혜만을 내려 주시는 그분께 엄포까
지 놓아서 되겠는가?

시험에 떨어지든지, 붙든지 간에 그 어느 쪽도 다 그분의 배려에 의한 것임을 알고 우리는 그 결과에 감사해야 한다.

아무도 알 수 없는 그 끝없는 인생 행로에 현재 이 작은 점은 단지 하나의 과정에 불과하다.

진리로 계시는 그분이 보는 관점과 우리 중생이 보는 관점이 확연히 다를 수 있으므로 우리는 어떤 일이 닥치더라도 그분을 원망하거나 외면하지 말자.

우리의 할 일은 현재의 일을 겸허히 수용하고 최선을 다할 뿐, 모든 것은 영원의 세계를 내다보시는 그분께 맡길 뿐이다. 그것이 바로 집착없이 살아가는 생활이다.

以陀羅尼無盡寶…
(이다라니무진보) : 신묘한 다라니는 다함없는 보배이니

권태와 코팅지폐

이 길.

끝도 없는 길을 무작정 걸어 보자.

잡으려 해도 잡히는 것은 없고…….

권태.

세상에 부처님은 왜 나셔서 이같이 젊음을 방황하게 하는가.

공허함.

스치는 바람도 귀찮다.

시간이 얼마나 흘렀는지도 모른다. 그냥 불빛 속을 휘적휘적 거닐 뿐이다. 이름도 성도 모르는 수많은 사람들이 나의 옷자락을 스치고 지난다.

난데없이 뒤에서 나의 손을 덥석 잡는 사람이 있었다. 돌아보니 약주를 조금 드신 중년 남자였다.

"스님, 스님이기 때문에 존경합니다."

그는 긴 말을 하지 않았다. 나의 손에 무엇을 쥐어 주려고 애썼다.

지폐였다.

"거사님, 저 지금 돈 필요없습니다. 고맙습니다만 괜찮습니다."

그는 막무가내였다.

"스님, 드리고 싶을 뿐입니다. 받아 주십시오."

길거리에서 옥신각신하다가 결국 나는 받고 말았다. 아무 일 없었다는듯이 중년 남자는 웃으면서 돌아서 갔다.

나는 생각했다.

'친척도 아닌 사람이, 법문의 신세를 진 신자도 아닌 사람이 이다지도 색깔없는 신심을 낼 수 있을까!'

차마 그 돈을 쓸 수가 없었다.

이렇게 청정한 공양은 이 세상 그 어디에도 없으리.

나는 글 몇 자를 적어 만 원 지폐를 코팅했다.

사바의 긴 여로 어느 모퉁이에서
두 손을 꼭 잡으신 중년 처사님
'스님이기에….'
속진이 덜 빠진 회색 걸망에
그대 하얀 마음을 고이 챙기옵니다.

그 뒤로 나는 길을 가다가 지치면 그 중년 거사를 생각하고 코팅된 지폐를 꺼내 보는 버릇이 생겼다.

봉정암

처음 봉정암을 찾았을 때 정말 감개무량하였다.

자연석에 새겨진 연꽃 받침 위에 큰 듯 작은 듯 아담하게 서있는 사리탑.

천년 세월을 오직 한마음으로 기다린 듯, 너무도 정겹게 그 모습이 나의 잔잔한 가슴에 안겨 왔다.

애타도록 지난 세월을 말하기나 하듯 이끼 낀 탑을 돌아 한 점 바람이 마중나왔다.

나는 흙계단을 바쁘게 달려서 밟고 올라 다가갔다. 반가움에의 손길이 그 신비의 법신(法身)에 닿았을 때, 형언하기 어려운 전율이 나의 온 전신에 흘러 한동안 행복했었다.

그후 10년.

달려서 뛰어오르던 흙계단은 온통 가공 대리석으로 치장되어지고, 아담한 그 사리탑 앞에는 탑보다도 몸집이 큰 대리석 돈통 하나가 놓였다.

이제는 바람도 그 사리탑에 머무르지 않았다. 수줍은 아가씨처럼 다소곳이 서 있던 그 청초한 자태는 어디 가고 돈으로 범벅이 된, 볼썽사나운 진한 화장을 하고 있었다.

이제는 눈물을 흘리는 순례객도 없었다. 그 옛날에는 고무신을 신고 올라온 일흔, 여든의 노인들이 너무 감격하여 펑펑 울기도 했는데….

아무튼 세상은 이렇게 변해가고 있다.

백담사, 오세암, 봉정암, 신흥사, 영시암 등 설악산의 모든 사찰은 새로 중창 내지 복원되고 있다.

양철 지붕으로 소박하게 있던 집들이 청기와를 쓴 웅장한 궁전으로 변모했다.

좀 미안한 맘이 있었는지 그곳 어느 스님이 내게 말했다.

"스님, 안 하는 것보다는 이렇게라도 하는 게 낫지 않겠습니까!"

우리 신도들이 언뜻 보았을 때는 참 잘하는 일이라고 격려할지도 모르는 이 산중의 대작불사에 대해, 등산 목적으로 온 다른 종교인들은 이렇게 수근덕거렸다.

"참 잘하는 짓이다. 쌍박수를 보내 주마. 여기서 돈 다 써라. 너희들 헛짓거리 많이 해라. 너희들이 잘 지어 놓은 건물 감상이나 해 주겠네. 대신 시내 건물은 다 우리 것이다. 시내에는 절대 돈을 투자해서는 안돼. 절은 산에 있어야지, 시내에 내려오면 못써. 닭소리, 개소리 안들리는 이런 곳에 많은 돈 들여 절을 지어야 공이 되지, 아주 잘하고 있어."

나는 서울 깍쟁이처럼 생긴 그 이교도 남자들의 소리를

듣고 섬뜩함을 느꼈다.

"스님들의 집단 수행도량도 아닌데, 기껏 몇 명이 거처하는 집을 왜 이렇게 아방궁처럼 지을까?"

하산하는 길에 이렇게 탄식하자 낯모르는 어느 사람이 항변했다. 가족 수대로 잔뜩 시주를 한 모양이다.

"성당이나 교회의 수도원은 산에 얼마나 잘 지어 놓았는지 아십니까?"

무엇인가를 착각하고 있다. 그들은 거점이 시내이다. 그들은 99.9%를 시내에 투자를 하고 산중에는 극히 작은 부분을 투자하는 것이다. 불교와는 정반대이다.

우리 불교도 산중 불사의 과다한 경쟁을 지양하고, 이제는 시내로 뛰어들어야 한다. 신도든 스님이든, 절은 산에 지어야 한다는 고루한 의식을 바꾸지 않으면 불교는 스스로 멸망하게 된다.

돈은 바르게 쓸 때 가치있는 것임을 우리 모두는 재삼 인식해야 할 단계에 왔다.

같이 동행했던 나의 도반인 철운 스님한테 우리 관음사 신도가 한마디 한 모양이다.

"스님, 절은 산에 있어야 제 맛이 나는데, 우리 관음사는 시내에 있어서 별로 그렇지 못합니다."

철운 스님은 이렇게 답변했다고 한다.

"보살이 관음사를 잘못 왔거나, 주지인 우학 스님이 신도들을 잘못 가르쳤거나, 둘 중의 하납니다."

철운 스님은 대구의 영남불교대학 · 관음사라면 선진적
인 불교의식을 가지고 있다고 전국에 소문이 났는데 아직
도 그런 신도가 있더라고 안타까워했다.

중생 있는 곳에 부처님이 계시듯 사람 들끓는 곳에 큰
법당이 있어야 한다.

莊嚴法界實寶殿…
(장엄법계실보전) : 온 법계 장엄하면 참다운 보전일세.

거지 세상

거지가 탁발하는 스님들을 만났다.

"조금 도와 주십시오."

두 스님이 나란히 서 있다가 그 중 인색한 한 스님이

"거지가 거지한테 동냥하는 법이 어디 있습니까?"

옆에 있던 복 많게 생긴 다른 한 스님이 천 원짜리 한 장을 꺼내면서

"무슨 소리! 상거지가 하거지를 먹여 살려야지."

어떤 거지가 자기가 겪은 일이라고 하면서 길거리에서 나를 붙잡고, 위의 이야기를 해주었다.

거지가 한마디 더 덧붙였다.

"스님, 따지고 보면 세상 사람들이 다 거지지요. 날 때부터 자기들은 잔뜩 지고 태어났는가요? 다 빌어 먹다가는 주제에 거지라고 괄시하고…."

듣고 보니 법문이었다. 나는 법문비로 흔쾌히 천 원짜리 한 장을 그 거지에게 보시했다.

근 심

스님 셋이서 해제비(선방에서 안거를 마치면 차비로 주는 용돈)를 모아서, 이십오만 원 주고 승용차 한 대를 샀다.

차는 '꼬물'이었지만 똘똘 굴러가는 것이, 하! 신기했다.

재미가 있어서 교대로 몰다가 산 구석 좁은 길까지 들어갔는데, 거기서 덜컹 차가 멈춰 서서는 움직이질 않았다.

우리는 차를 두들겨 보고 발로 차 보았지만 아무런 반응이 없었다.

때는 하안거를 막 마친 늦여름.

우리는 땀을 뻘뻘 흘리면서 30리나 족히 되는 그 길을 몇 시간이고 끙끙거리며 읍내까지 밀고 나왔다.

카센터에서 견적을 내어 보니 거금 오십만 원!

'그래 무소유가 상팔자다. 하나 있으면 하나 근심이요, 둘이 있으면 둘 근심이다. 한 근심이 두 근심을 만들고, 두 근심이 세 근심을 만드는구나!'

우리는 아예 차를 카센터에 기증해 버렸다.

그렇게 홀가분할 수가 없었다.

출가는 가출이 아니다

개나리 봇짐처럼 걸망을 둘러메고 해인사를 들어가는데, 일주문 앞의 길거리에서 행자(정식 스님이 되기 전 단계의 수행자) 한 명을 붙들고 어떤 아주머니가 울고 있었다.

그냥 지나칠 수가 없어서 말을 건넸다.

"혹시 무슨 일이라도 있으십니까?"

아주머니가 대답했다.

"예, 스님. 애가 우리 둘째 아들인데, 집에 가자고 해도 말을 안들어요. 서울대학 법대에 재학중인데 너무 아깝잖아요. 판검사 되면 우리 집안 다 팔자 펼건데 이게 뭐예요!"

내가 다시 말했다.

"아주머니, 똑똑한 사람 절에 들어오면 더 크게 성공합니다. 효봉 스님이란 분은 현직 판사로 있다가 출가해서 종정까지 지내셨습니다. 한 사람 출가 잘하면 구족(九族)이 천당에 난다고 했습니다. 본인의 의견대로 그냥 출가를 허락하시지요. 살다가 본인 마음도 변할 수 있으니까, 그

때 집으로 갈 지 모르잖아요. 그리고 그동안이라도 자제분이 보고 싶으면 언제든지 오면 되잖아요."

아주머니는 솔깃하게 듣더니 내 말이 끝나기가 무섭게 자기 신세를 한탄하면서 울먹였다.

"스님, 그런데 저는 이제 어떡해요. 창피스러워서 동창회도 못 나가겠고, 계모임에도 못 나가겠어요."

극단적인 이기심 같아서 한마디 안할 수가 없었다.

"아주머니, 옛부터 이런 말이 있습니다. 스님을 둔 어머니가 돌아가실 때에는 그 스님인 자식의 이름만 부르다가 돌아가신데요. 오직 그 자식의 걱정 때문이지요."

"스님, 죄송합니다. 알겠습니다."

이런 일은 비단 출가에 있어서만도 아니다. 자식들의 혼인, 직업 선택 등에서 부모님들은 자식의 편에서보다도 자기 체면이나 욕심을 먼저 앞세우는 수가 많다.

窮坐實際中道床…
(궁좌실제중도상) : 마침내 실다운 중도자리 앉게 되면

264

7장

본래로 이 세상은 아름다와서
짧은 대로 긴 대로 조화롭도다

첫 길

나는 한의학도였다.

장손이었던 나를 가장 아끼고 사랑해 준 둘째 삼촌이 내가 사 온 영양제 주사를 맞고 쇼크사한 이후 나는 늘 생명의 실체에 대한 궁금증으로 가득 차 있었다.

그래서 나는 소와 논밭 전지를 팔아 동양의 인생 철학과 생명의 신비가 만난다는 한의학에 운명을 걸었던 것이다.

그런데 밤하늘의 별들이 유난히도 영롱하게 보이던 초겨울 섣달 어느 날, 우연히 '나도 저 별처럼 살아보리라'는 결심을 하면서 너무 벅찬 황홀경에 젖어들었다.

그날 밤 나는 내 마음의 속 뜰을 거닐면서 이제는 모든 것에서 자유로울 수 있는 도리를 느꼈다. 더 이상 그 어떤 것에도 집착할 필요가 없게 되었다.

무슨 큰 보물인듯 애지중지하면서 비밀함에 보관했던 일기장과 상장을 꺼내어 부엌 아궁이에 처넣고 불을 놓아 버렸다. 가슴이 그렇게 시원할 수가 없었다.

어느덧 아침이 되고, 나는 버스에 몸을 실었다.

'사람과 하늘의 스승이 되기 전에는 다시는 이 길을 밟지 않으리라.'

어쩌면 이생에서는 마지막일 수도 있다는 잡념이 청춘의 눈물을 거침없이 흐르게 했다. 위에 걸쳤던 윗도리의 앞 부분을 흥건히 적시고 그 눈물은 다시 허벅지까지 뿌려졌다.

차창 쪽으로 몸을 틀어, 그날 나는 이 세상에서 마지막으로 크게 울어 버렸다. 아무 이유도 없이 그렇게 눈물이 쏟아졌다.

'가시밭길 그 길을 이제 별이 되어 갑니다. 저 강 건너서 홀로 우뚝 서게 될 때 부모님을 모시겠습니다. 그간 안녕히 계세요.'

나는 터미널에 가면 스님을 만날 수 있으리란 꾀가 났다. 터미널 입구에서 얼쩡거리는데 30대 중반의 키가 훤칠한 스님이 나타났다. 다짜고짜 스님께 인사를 드리고는

"스님, 제가 출가하려고 합니다. 길을 가르쳐 주십시오."
하고 부탁했다. 스님께서는 나의 눈을 한참이나 뚫어지게 보더니

"내 따라 갈래?"
하고 말씀하셨다. 다시 내가 캐묻듯이 물었다.

"어딘데요?"

"건천에 있는 작은 절인데."
하셨다. 나는 일언지하에 거절했다.

"스님, 저는 통도사나 해인사 같은 큰절에 가서 살고 싶습니다. 큰스님 밑에서 공부하게 해주십시오."

스님은 나의 팔을 잡고는 포장마차 호떡 가게로 데려갔다. 호주머니를 뒤지더니 잔돈 한 움큼을 꺼내셨다. 전 재산 같았다.

"70원은 내 차비 하고, 300원어치 호떡 먹어요."

나는 염치도 없이 돈대로 다 먹었다. 스님께서는 결심이 나 한 듯 내 눈을 쳐다보셨다.

"지금 곧바로 통도사로 가거라. 조실 스님(총림으로 승격되기 전. 현재는 방장스님)께서 계실 것이다."

나는 너무 기뻐 스님의 법명도 묻지 못하고 그냥 인사만 하고 돌아섰다. 그리고 직행버스를 타고 통도사로 향했다.

승강장에 내려서 걷기 시작했다. 날씨는 을씨년스러웠지만, 개울물소리는 힘차게 느껴지고 마른 나무에 부는 세찬 바람이 싫지 않았다. 나는 뛰기 시작했다.

나는 아무 주저함도 없이 일주문을 지나고, 불이문을 지나고, 선방문을 박차고 들어섰다. 그리고 조실 스님의 방문을 밀치고 들어갔다. 하룻강아지 범 무서운 줄 모르는 것처럼 막무가내로.

나는 아무 말도 않은 채 세 번 절하고 꿇어앉았다.

조실 스님께서는 나의 거동을 살피시더니

"알겠다. 여기 살아라."

나는 그 길로 스님을 모셨다. 시골의 할아버지처럼 인자

하시고 때때로 깐깐하기 이를 데 없으신 우리 노스님이시다.

매일 새벽 3시에 일어나 개울물로 달려가 얼음을 깨고 세수하는 일로 일과를 시작했다. 손이 시리지 않았다.

깨진 얼음장 아래, 흐르는 물에 뜬 별을 떠서 아직 잠들고 있는 나의 영혼에 부었다.

콩나물 밭을 떼면서 '천수경'을 외우고, 설거지 수세미를 돌리면서 '초발심자경문'을 읊조렸다.

참 자유롭고 자유로웠다. 나의 정신이 세속의 모든 구속과 질곡, 선입견으로부터 차차 해방되었다.

'신묘장구대다라니'를 다 외우게 되었을 때쯤에 별하늘을 거니는 꿈을 꾸었다.

머리엔 보관을 쓰시고
구슬 달린 아름다운 옷 입으시고
자비하신 어머니의 눈길로
미소를 머금으신 관세음 보살님

그 부드러운 손길로 나의 손을 잡으셨네
나 또한 머리에 보관을 쓰고
구슬 달린 아름다운 옷 입고
외갓집을 따라나서는 어린 철부지처럼
작은 관세음 되어

어머니 관세음 보살의 손을 잡았네

별이 가득한 하늘
뭉실뭉실한 흰 뭉게구름을
사뿐사뿐 나르는듯 밟으며
알 수 없는 나라로
유유자적 행복의 걸음을 옮겨 놓았네

관세음 보살님의 끝없는 사랑이요, 가피였다. '내 이제 세세생생 관세음을 예찬하고 노래하리라' 라고 다짐하였다.
꿈을 꾸던 날 아침, 행자 입문과정의 삼천배 정진 수행이 있었다. 무릎이 까지고 피가 흘렀지만, 모든 것이 감사하게 생각되었다.
눈에 보이는 그 모든 것이 관세음의 상호였고, 누가 불러 귀를 열면 관세음의 음성이 들렸다.

허 락

어제 저녁 상행자(上行者 : 먼저 들어온 행자)인 어느 행자
가 자기 출가 이야기를 했다.

대학 1학년 때 출가했다가 부모님이 찾아와서 잡혀가고,
이듬해에 다시 출가했으나 또 부모님이 찾아와서 잡혀가
고, 그러기를 일곱 번이나 했단다. 지금이 여덟 번째인데
자기 나이가 마흔 살이라고 했다. 이제는 부모님께서도 일
찍 출가를 허락하지 않은 것을 후회하신다고.

꼭 내 경우인 것 같아서 자세히 들었다.

사실 나는 집에서 너무 많이 찾아와서 딴 행자와 스님들
보기에 민망스러웠다. 며칠 전에는 방장 스님을 찾아뵙고
자초지종을 말씀드렸더니 본래 그런 것이라며, 당신께서
도 세번이나 재출가하신 이야기를 해주셨다.

오늘 해거름에도 일주문에서 또 누가 기다린다는 전갈
을 받았다.

저녁 공양 후 설거지도 하는 둥 마는 둥, 이 눈치 저 눈
치를 보면서 뛰지도 못하고 점잖은 걸음으로 내려갔다. 수

행자는 소나기가 쏟아지더라도 뛰면 안된다고 교육을 받았기 때문이다.

기다리는 분들은 부모님이었다. 아버지께서 나를 보시더니 걱정스런 눈빛으로 물으셨다.

"옷은 왜 그리 젖었노?"

"설거지하다가 물이 좀 튀었습니다."

하고 말씀드렸다. 그러자 부모님은 일주문 기둥을 잡고 슬피 슬피 우셨다. 한참 후, 어머니께서 말씀하셨다.

"니가 밥이 없나, 집이 없나, 부모가 없나, 왜 절에 와서 이 고생이고. 멀쩡한 사람이 절에 오는 수가 어딨노. 다 우리 잘못이다. 이제 우리는 누굴 보고 살아가노……. 안오려고 했는데 아버지가 오늘 낮에 또 술을 드시고는 한번 가보자고 해서 왔다."

아버지는 많이 취하신 것처럼 보였다. 손수건으로 눈물을 닦으면서 자세를 가다듬으시고는 한말씀 하셨다.

"내가 니한테 마지막으로 물어 보자. 스스로 내린 결정에 대해서 후회 않고 끝까지 살 자신 있나?"

난 단호한 입장을 말씀드렸다.

"아버지, 저는 이미 각오를 했습니다. 여기가 너무 마음이 편하고 좋습니다."

다시 아버지께서 말씀하셨다.

"그럼 알았다. 내 너의 출가를 허락한다. 니는 내 자식이지만 참 깡다구 있고 고집이 세다. 나도 고집 세다는 소리

들었지만, 니만큼 고집 센 사람 아직 못 본 것 같다. 남자
는 그런 맛이 있어야 돼. 어쨌든지 공부 열심히 해서 큰스
님이 돼야 한다. 마지막으로 부탁한다."

어머니께서 이어서 말씀하셨다.

"니가 마음이 편하다니 안심이다. 건강한 것 같기도 하
고. 혼자 사는 데는 어쨌든지 건강이 제일이다."

마침, 뭇 중생의 잠든 영혼을 일깨우는 법고소리가 '둥둥
둥' 영축산을 흔들기 시작하였다.

저녁 예불시간이다.

부모님은 그렇게 발길을 돌리셨다.

깨달음은 안팎이 없다.

방장 스님(불기 2540년 현재 월하 종정예하)께서는 한 번도
'나는 깨달았다'라는 말씀을 하신 적이 없다.

그래서 나는 더욱 존경한다.

깨달음에는 '나'라는 것이 있을 수 없을 테니까.

舊來不動名爲佛…
(구래부동명위불) : 옛 부터 변함없이 이름하여 부처로다.

마지막 길

도반 스님의 어머니가 돌아가셨다.

산골에서만 계셨는데 연세가 여든이셨다.

자식 다섯을 두고 젊은 시절에 남편을 여의셨다. 다섯 자식 중에 둘은 벌써 어머니보다 먼저 세상을 떠났다. 어머니는 이 슬픔들을 달래기 위해 남편 무덤 근처에 돌밭을 일구었다.

하나 둘, 돌을 모아 돌탑을 쌓기 시작했다. 어머니에게 있어서 돌탑을 쌓는 일은 하나의 기도였다. 남편을 위한 기도요, 죽은 자식, 산 자식을 위한 간절한 기도였다.

돌 하나 올려 놓고 합장한 채, 한 번 돌탑을 돌면 어느덧 눈물이 두 뺨을 타고 흘러내렸다. 그것은 바로 인생의 한 이기도 하였다.

아무리 바쁘고 지쳐도 그 돌탑을 쌓는 일을 거르지 않으셨다. 여자의 몸으로서 오뉴월 그 뙤약볕에서 김을 매는 날에도 밤마다 그 일을 하였다.

장작을 패서 20리 밖의 오일장에 내다 팔고 오는 날에도 어머니는 그 일을 하였다.

　비가 오면 비를 맞고, 눈이 오면 눈을 맞으며, 무슨 숙제인 양 그 일을 해 나갔다.

　그 돌탑이 반쯤 완성되어 갈 때, 어머니는 아들 하나를 부처님 전에 바쳤다. 스님이 된 막내는 어머니의 이런 모습을 떠올리며 늘 마음 아파했다.

　그 돌탑이 완성되던 날, 휘영청 밝은 대보름달 은빛을 받으며 마지막 탑돌이를 하셨다. 회향이었다.

　그리고 흩어진 자식들을 모았다. 어머니는 이제 눈물을 흘리지 않으셨다. 어머니는 스님이 된 막내아들 손을 꼭 잡았다.

　"그래, 너의 인생이 최고 값지다. 내가 다 살고 보니 그런 생각이 드는구나. 나도 만일 새로 태어난다면 스님이 되고 싶네."

　어머니는 그 달에 돌아가셨다.

　막내는 자기가 거처하는 절에서 그 어머님 위패를 모시고 극락왕생을 기도하였다.

입만 보살

입만 '보살'인 할머니 한 분이 있었다.

그런데 그 할머니는 만날 때마다 입버릇처럼 하는 얘기가 있었다.

"스님은 참 좋겠습니다. 이렇게 혼자 깨끗하게 부처님 모시고 사니 얼마나 좋습니까!"

나는 그 할머니가 진정으로 그러신 줄 알았다.

한번은 자기 손자를 데리고 오셨다. 참 똘똘하고 귀여웠다. 나는 여담으로 한마디 했다.

"할머니, 손주아이 스님 만드시지요. 절도 무척 예쁘게 잘하네요."

보살은 별안간 버럭 화를 내시면서 쏘아붙였다.

"스님을 아무나 합니까? 내 제사는 누가 지내라고 그러세요. 스님은 스님 일이나 잘 하세요!"

황당했지만 더 이상 말하지는 않았다.

할머니는 그 뒤로는 그 손자를 데리고 오지 않았다.

기이한 인연

눈발이 어지러이 날리던 날이다.

아주머니 둘과 청년 하나가 찾아왔다. 옆에 있던 한 아주머니가 말을 꺼내었다.

"스님 저는 절에 다닙니다만, 이 아주머니는 아닙니다. 솔직히 말씀드리면 아주머니의 남편이 목사고 이 총각은 이 아주머니 아들입니다. 그냥 스님 이름만 듣고 왔습니다. 그런데 이 총각이 출가해서 스님이 되려고 해서……."

나는 총각을 딴 방으로 보내고 이야기를 구체적으로 들었다. 청년은 모 대학 국문학과 2학년이었다. 아버지가 목사지만 어릴 때는 잘도 나가던 교회를 고등학교 다니기 시작할 무렵부터는 거의 안나가고 있었다. 아버지의 성화에 못 이겨 겨우 몇 번 정도 나간 모양이다.

그런데 대학에 진학해서는 아예 발길을 끊고 있었다. 이제 다 큰 자식을 강제로 어떻게 할 수도 없는 일이었다. 더욱 큰 문제는 최근에 와서 거의 식음을 전폐하고 자기 맘대로 휴학계를 내고는 느닷없이 출가를 하겠다고 고집을 피운다 했다.

나는 옆방으로 가서 청년에게 물었다.

"성직자가 되고 싶으냐?"

"예, 스님."

"그럼 아버지 따라 목사가 되거라. 다 같은 길이다."

"스님, 저는 교회 안나간 지도 오래됐습니다. 저의 성격에는 절이 백번 좋습니다. 요즘은 이 문제로 아무것도 못하고 헛시간만 보냅니다. 스님, 도와 주십시오."

나는 그들에게 잘 의논해서 한 달 뒤에 다시 오라고 말했다. 아버지가 목사니까 가능하면 그쪽으로 가면 좋겠다는 생각으로 시간적 여유를 준 것이다.

꼭 한 달 만에 다시 찾아와서는 출가하겠다는 마음에 변함이 없다는 것이었다.

나는 그 청년을 통도사 큰절로 보냈다.

딴 일로 큰절에 간 길에 보니까, 쭈그리고 앉아서 추위에 벌벌 떨면서 나물을 다듬고 있었다.

"그래, 할 만합니까?"

"예, 스님께 감사드리고 있습니다."

또 얼마 있지 않아서 가 보았더니, 그때는 설거지를 하고 있었다. 시간도 있고 해서 모른 체하고 가까운 대청에 앉아 지켜보았다.

'인연도 참 묘하구나!'

가만히 보니 설거지물을 함부로 버리지 않고 큰 조리로

거르고 있었다. 조리에 걷힌 밥알이며 콩나물을 맑은 물에 헹구더니 그것을 딴 그릇에 옮겨 담는다. 반그릇은 족히 되는 것 같았다. 거기에 딴 사람들이 먹다 남은 된장찌개 국물을 붓더니 숟가락으로 개었다.

'고양이 밥 주려나?'

하고 생각을 하는데, 식당의자에 앉더니 자기 입에 가져가고 있었다. 나는 얼른 일어서서 그쪽으로 다가갔다. 그는 나를 보더니 인사를 꾸벅하면서 미소를 지었다.

"행자님, 이제 공양하세요?"

"예, 스님은요?"

"나도 한 숟가락 먹어 봅시다."

한 숟가락 먹어 보니 맛이 그런 대로 괜찮았다.

나는 거기서 칭찬하지 않았다. 본래 나의 성격이 칭찬에 인색한 탓도 있지만, 그의 수행에 방해를 놓고 싶지 않았던 것이다.

통도사 맑은 계곡을 따라 내려오면서 가슴이 뿌듯했다.

콩나물 대가리 하나, 밥풀 하나를 아낄 줄 아는 우리 승가가 아직 살아 있음에……

작은 일

아침 바루공양(스님들이 전문적으로 하는 식사법, 현재 뷔페와 비슷함)이 막 끝나고 종정(宗正) 스님께서 한말씀 하셨다.

강원 스님, 선방 스님 등 수백 명 총림 대중들이 무슨 말씀인가 싶어 귀를 쫑긋해서 듣는다. 종정 스님이라 하면 우리 종단의 최고 어른이다.

"어제 강원 스님들이 소풍을 가면서, 내가 없는 동안에 김밥 도시락을 하나 두고 갔습니다. 나중에 열어 보니 달걀로 김밥을 말았습니다. 본인은 달걀이 무정란인 줄도 알고 있습니다. 여기에 대해서 대중 스님들 의견이 있으면 말씀하시오."

모든 대중, 감히 누구 하나 일언반구 한마디도 하지 못하였다. 무거운 침묵만 흘렀다.

다시 종정 스님께서 말씀을 이으셨다.

"큰 문제는 작은 데서 출발합니다. 지금은 달걀이지만 이것이 허용되면 또 소고기국을 먹게 될 테고, 더 나아가서는 절에서 소를 잡아서 먹는 비극이 일어납니다. 이 책

임을 물어 강주(講主:주임교수)스님 이하 전 소임자를 해임합니다."

즉시 공사(公事)마감을 알리는 죽비가 세 번 쳐졌다.

정말 대단히 쇼킹한 일이었다.

2,500년 정법의 불교를 지키는 현장이며, 1,600년 우리 한국 불교의 정통을 이어가는 우리 어른 스님들의 서릿발 같은 원칙이다.

종정 스님 그분이 바로 나의 출가를 받아 주신 노스님, 통도사 월하 방장 스님이시다.

②권에 계속….

행운을 드리는 108이야기

저거는 맨날 고기 묵고... ❶

●
초판 1쇄 _ 1996년 5월 1일
재판 25쇄 _ 2009년 6월 10일
●
지 은 이 _ 우학스님
편   집 _ 김현미, 정영순
연꽃사진 _ 우학스님
일반사진 _ 임석교
삽   화 _ 김선아
펴 낸 곳 _ 도서출판 좋은인연
●
등   록 _ 1994년 1월 20일 <제 4 - 88호>
주   소 _ 대구광역시 남구 봉덕3동 1301 - 20번지
전   화 _ (053) 475 - 3707
팩   스 _ (053) 475 - 3706
E - mail _ buddhabook@hanmail.net
●
저자와의 협의에 의해 인지를 생략합니다.
잘못된 책은 교환해 드립니다.
●
정가 7,000원
●
ISBN _ 978 - 89 - 86829 - 01 - 3 04220